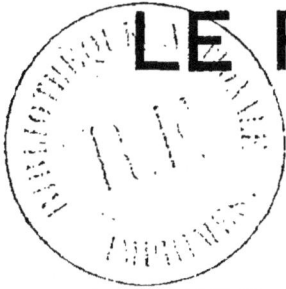

LE RETOUR

DE

L'ILE D'ELBE

Par A. THIERS, ancien Président de la République.

DE VAULABELLE, ancien Ministre de la République.

DE CHATEAUBRIAND, ancien Ministre de la Restauration.

Nouvelle édition, revue, corrigée et considérablement améliorée.

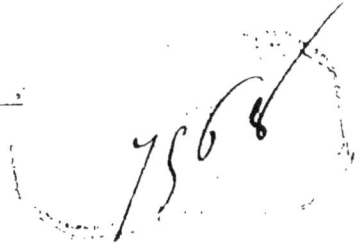

PARIS

LACHAUD et BURDIN

LIBRAIRES-ÉDITEURS

4, PLACE DU THÉATRE-FRANÇAIS, 4

1873

LE RETOUR

DE

L'ILE D'ELBE

CHAPITRE PREMIER

LES ENNEMIS DE L'EMPIRE ET DE LA FRANCE NOUVELLE

La Révolution de 89, en proclamant *l'égalité* de tous les Français, a fait de la vieille France une France nouvelle.

A la place de ces provinces, de ces classes, de ces corporations diverses, dont chacune avait ses priviléges et qui formaient autant de nations dans la nation, l'égalité a substitué une nation unique dont tous les éléments sont soumis à la loi commune.

L'égalité devant la loi; tel est donc le principe vital de la France nouvelle, comme le régime du privilége était celui de l'ancienne France.

Toutes les libertés découlent de l'égalité; voilà pourquoi la France nouvelle tient beaucoup plus à celle-ci qu'à celles-là. Elle peut renoncer momentanément à certaines libertés, car elle sait qu'avec l'égalité elle les retrouvera toujours ; mais la moindre atteinte à l'égalité la révolte, comme une atteinte à sa propre vie.

L'égalité n'est pas l'uniformité. La nature ayant donné à chaque homme des aptitudes particulières qui le distinguent des autres, l'égalité ne saurait avoir pour objet de les refondre tous dans un même moule, de leur assigner les mêmes fonctions, les mêmes travaux, les mêmes résultats. S'ils sont égaux entre eux, ce ne peut être que devant la loi, qui leur reconnaît à tous les mêmes droits et leur impose les mêmes devoirs.

Depuis 89, deux ennemis, également funestes, s'opposent au développement régulier de la France nouvelle : les réactionnaires qui repoussent la liberté et les démagogues qui, en l'exagérant, la dénaturent. Les premiers s'efforcent de ramener le pays en arrière ; les seconds, sous prétexte de le pousser en avant, le conduisent aux abîmes.

En présence de ces deux sortes d'ennemis, la France a dû chercher une force capable de leur résister. Elle crut, d'abord, l'avoir trouvée dans la République. Mais les excès sanglants de la Convention et les honteuses faiblesses du Directoire n'ont pas tardé à lui prouver que le gouvernement républicain était aussi impuissant à la défendre contre les fureurs de la démagogie que l'avait été la royauté constitutionnelle contre les réactions de l'ancien régime. Cette force, doublement tutélaire, elle ne l'a rencontrée que dans le génie et l'énergie du plus glorieux enfant de la Révolution, et c'est pour cela qu'elle lui a donné l'Empire.

Les ennemis de la France nouvelle, aussi bien les démagogues que les réactionnaires, ont eu beau s'allier entre eux et avec l'étranger pour renverser l'Empire; la France s'est obstinée à le relever. En ce moment encore c'est vers l'Empire qu'elle tourne ses espérances et ses vœux.

Les nouveaux essais de République de 1848 et 1870, en accumulant sur elle les hontes et les désastres, n'ont fait qu'accroître l'aversion de la France pour ce gouvernement fatal. Les souvenirs de la Restauration et de la royauté de Juillet n'ont laissé dans l'âme de la nation qu'un dégoût insurmontable. Le seul gouvernement que la France n'a cessé de vouloir et de revendiquer, parce qu'il est le seul qui, en s'identifiant avec elle, ait su protéger les droits et les intérêts de tous, c'est l'Empire; non un Empire abstrait, mais l'Empire avec un Napoléon pour empereur.

Les masses ne séparent jamais les gouvernements des dynasties qui les ont personnifiés ou des dates qui les rappellent. Aux yeux de la France, les gouvernements impuissants et rétrogrades seront toujours ceux des Bourbons et des d'Orléans; la République, toujours celle de 93, des journées de juin, du 4 septembre et de la Commune; tandis que l'Empire ne lui retrace que des souvenirs de gloire, de prospérité et de progrès, ou une communautéde malheurs qui le lui rendent encore plus cher.

Jamais les sentiments de la France pour sa glorieuse dynastie nationale ne se sont manifestés d'une manière, à la fois, plus touchante et plus éclatante, qu'au *Retour de l'île d'Elbe*. La nouvelle du débarquement de l'Empereur produisit sur elle l'effet d'une secousse électrique. Les populations et l'armée firent éclater un enthousiasme qui tenait du délire.

Après un demi-siècle, l'armée et le peuple n'ont pas changé.

Aujourd'hui que les deux partis opposés à l'Empire s'efforcent de capter les sympathies de la nation et se vantent de posséder sa confiance, il est bon de remettre sous leurs yeux le récit de ce prodigieux événement. Ils pourront y lire ce qu'un avenir prochain leur réserve.

Vainement les ennemis de l'Empire se sont-ils efforcés de détruire le prestige de la légende napoléonienne; ce prestige a encore grandi par les prospérités du règne de Napoléon III; tandis que l'antipathie nationale contre les hommes et les choses de l'ancien régime se réveille plus vivace que jamais devant les folles tentatives de ceux qui veulent le restaurer, et nul doute que les mêmes acclamations qui ont accueilli le grand Empereur, en 1815, ne retentissent à la rentrée du jeune héritier de son nom et de sa gloire.

Pour donner au récit du *Retour de l'île d'Elbe* une autorité indiscutable, nous l'empruntons *textuellement*, en l'abrégeant, à des historiens qui ne sont pas suspects de partialité envers l'Empire. Ce sont ses adversaires qui vont nous retracer cette grande page, la plus merveilleuse de notre histoire.

Ecoutons d'abord M. THIERS, dans son *Histoire du Consulat et de l'Empire*.

CHAPITRE II

Napoléon, transporté à l'île d'Elbe sur une frégate
anglaise, avait mouillé, le 4 mai 1814, dans la rade de
Porto-Ferrajo.

Prenant avec soumission les choses qui s'offraient à lui,
ne semblant pas s'apercevoir qu'elles fussent petites, il
s'était mis à l'œuvre le lendemain même de son arrivée, et
avait commencé par faire à cheval, en quelques heures, le
tour de l'île; puis il avait arrêté le plan de son nouveau
règne avec le zèle que, quinze ans auparavant, il apportait
à réorganiser la France.

Ses premiers soins furent consacrés à la ville de Porto-
Ferrajo, située sur une hauteur, à l'entrée d'un beau golfe
tourné vers l'Italie. Elle avait été jadis fortifiée, et pouvait
devenir une place capable de quelque résistance. Napoléon
s'appliqua sur-le-champ à la mettre en complet état de
défense. En se faisant suivre à l'île d'Elbe par un détachement de sa garde, il s'était assuré plusieurs centaines
d'hommes dévoués, soit pour se défendre contre une basse

violence, soit pour servir de fondement à quelque entreprise hasardeuse, si jamais il en voulait tenter une. Ses compagnons d'exil, au nombre d'un millier, enfermés dans une bonne place maritime, avec des vivres et des munitions, pouvaient s'y défendre quelques semaines, et lui donner le temps de se dérober, si les souverains, regrettant de l'avoir laissé trop près de l'Europe, songeaient à le déporter dans l'Océan...

Après avoir pourvu à la défense de l'île d'Elbe, Napoléon y organisa une police des plus vigilantes. On ne pouvait aborder dans l'île sans qu'il en fût averti. Il avait, pour en agir ainsi, d'assez graves motifs. Le gouvernement français avait placé en Corse un ancien aide-de-camp du duc d'Enghien, le général Bruslart, qu'on avait appelé à ce commandement, évidemment pour en faire le surveillant de l'île d'Elbe (et peut-être pis encore...).

Il est certain que des intrigants, correspondant avec ce qu'on appelait la police du château (des Tuileries), se vantaient de pouvoir faire assassiner Napoléon, et même d'y travailler ; il est certain encore que des sicaires furent arrêtés et que les motifs de leur présence dans l'île d'Elbe restèrent fort équivoques. Napoléon les renvoya, en leur déclarant qu'à l'avenir le premier d'entre eux surpris dans l'île d'Elbe serait fusillé, et il ajouta qu'au premier grief fondé, il ferait enlever le général Bruslart en pleine ville de Bastia par cinquante hommes déterminés et en ferait, à la face de l'Europe, une justice éclatante. Le général Bruslart se tint **tranquille.**

Quant au personnel des forces de Napoléon, il avait montré autant d'art à disposer d'un millier d'hommes, que jadis à disposer d'un million. Avant de quitter Fontainebleau, Drouot lui avait choisi avec beaucoup de soin, parmi les soldats de la vieille garde, tous prêts à le suivre, environ 600 grenadiers et chasseurs à pied, une centaine de cavaliers, et une vingtaine de marins, en tout 724 hommes d'élite,....

Une soixantaine de Polonais ayant obtenu la permission de s'embarquer à Livourne, Napoléon s'était renforcé d'un nouveau détachement d'hommes dévoués. Quelques officiers français, mourant de faim, étaient aussi venus le joindre à travers l'Italie, voyageant comme ils pouvaient, et il les avait également accueillis. Sa troupe s'était ainsi élevée à huit cents hommes environ.

A ces huit cents hommes, Napoléon trouva le moyen d'ajouter un renfort de 300 soldats durs et intrépides, pris dans le bataillon chargé de la garde de l'île d'Elbe. Il disposait par conséquent de 1,100 hommes de troupes régulières, et de la première qualité. Il y joignit quatre cents hommes de la milice du pays. La nouvelle armée de Napoléon comptait donc 1,500 soldats, valant presque tous la vieille garde par le mélange avec elle. C'était pour lui un moyen de se garantir ou contre une violence, ou contre une déportation lointaine.

Dans les mêmes vues, Napoléon avait pris soin de se créer une marine. Il avait trouvé à Porto-Ferrajo un brick, *l'Inconstant*, en assez bon état, et une goëlette. Il avait acheté à Livourne une felouque et deux avisos. Avec ces bâtiments et un ou deux autres qu'il était facile de se procurer, Napoléon avait de quoi embarquer les onze cents hommes composant sa petite armée régulière. C'était tout ce dont il avait besoin, si jamais il songeait à sortir de son île.....

Ces soins donnés à sa sûreté et à son avenir, Napoléon songea à embellir son séjour, à le rendre supportable pour lui, pour sa famille, pour ses soldats, à développer la prospérité de son peuple, enfin à ménager ses finances de manière à en assurer la durée. Il s'était logé d'abord à l'Hôtel-de-ville de Porto-Ferrajo, puis dans le palais des anciens gouverneurs, fort délabré et fort insuffisant. Il résolut d'y ajouter un corps de bâtiment pour le régulariser et l'agrandir. Il acheta des meubles à Gênes, et finit par rendre ce séjour habitable.

Outre sa résidence à Porto-Ferrajo, il voulut avoir une maison des champs, et il entreprit d'en construire une, dans une charmante vallée débouchant sur la rade de Porto-Ferrajo....

Après avoir préparé sa double résidence à la ville et à la campagne, il s'occupa de sa capitale. Il en fit nettoyer et paver les rues ; il y construisit une jolie fontaine qui versait des eaux jaillissantes ; il rendit carrossables deux grandes routes traversant l'île entière.

Ses finances ne lui permettaient pas d'affecter plus de six

à sept cent mille francs à ces divers travaux, et il parvint à s'y renfermer, en usant des bras de ses soldats auxquels il payait un modique salaire. Montant à cheval une partie du jour, il appliquait à ces objets, infiniment petits, ce puissant regard naguère fixé sur le monde et toujours sûr, dans les moindres choses comme dans les plus grandes. Il consacra également ses soins à tout ce qui pouvait améliorer le sol et faire prospérer le commerce de son ile. Il voulait la couvrir de mûriers pour y développer l'industrie de la soie, et il commença par planter de ces arbres précieux les deux routes qu'il venait de créer. Près de Campo se trouvaient des carrières de beau marbre; il en ordonna l'exploitation. Les salines et les pêcheries de thon constituaient deux des plus gros revenus du pays. Il s'occupa de les améliorer. Enfin, il donna toute son attention aux mines de fer, composant la principale richesse de l'ile d'Elbe...

Mais, pour toutes ces entreprises, l'exiguité de ses finances était un obstacle difficile à surmonter.

Cet homme, le plus ambitieux des hommes, était de tous le moins occupé de ce qui le concernait personnellement. Il avait marché jusqu'au jour suprême de son abdication sans se demander de quoi il vivrait loin du trône. Ayant eu l'art d'économiser sur sa liste civile 150 millions, qu'il avait dépensés non pour lui, mais pour les besoins extraordinaires de la guerre, il compta pour la première fois au moment de quitter Fontainebleau.

Son trésor se montait alors à 3.400,000 fr. C'était là son unique ressource pour le faire vivre à l'ile d'Elbe, lui et ses soldats, s'il se résignait à y finir ses jours. En effet, le subside annuel de 2 millions, que devait, d'après les traités, lui payer le gouvernement français, n'avait point été acquitté.

Sa vie, du reste, était calme et remplie; car c'est le propre des esprits supérieurs de savoir se soumettre aux sévérités du sort et de s'intéresser aux petites choses, parce qu'elles ont leur profondeur comme les grandes. Sa mère avait voulu partager le nouveau destin de son fils et elle était à Porto-Ferrajo l'objet des respects de la cour exilée. La princesse Pauline Borghèse, qui poussait jusqu'à' la passion l'amitié qu'elle ressentait pour son frère, n'avait pas manqué de venir aussi, et sa présence était infiniment douce à Napoléon. Elle s'était fort appliquée à le réconcilier avec Murat, ce qui n'avait pas été très difficile. Napoléon avait peu de rancune, parce qu'il connaissait les hommes. Il savait que Murat était léger, vain, dévoré du désir de régner, mais bon autant que brave, et il lui avait pardonné...

Les devoirs de sa modeste souveraineté remplis, il passait son temps avec Bertrand et Drouot, tantôt à cheval et courant à travers l'île pour inspecter ses travaux, tantôt à pied ou en canot. Quelquefois il s'embarquait avec ses officiers dans une grande chaloupe et allait faire en mer des courses d'une et deux journées, reconnu et salué par toutes les marines. Dans ces longues promenades, il s'entretenait gaiement ou gravement selon les sujets, quelquefois avec la vive humeur d'un jeune homme, le plus souvent avec la gravité d'un génie vaste et profond. Il nourrissait toujours la pensée d'écrire l'histoire de son règne.

Dans cette vie paisible où il rêvait d'élever un monument historique immortel, Napoléon était presque heureux, car au calme il joignait un reste d'espoir. Il lisait les journaux avec soin et avec une pénétration qui lui faisait deviner la vérité à travers les mille assertions des journalistes, comme s'il avait assisté aux délibérations des cabinets. Selon lui, la Révolution française, arrêtée un moment dans sa marche, reprenait son cours irrésistible. L'ancien régime et la Révolution allaient se livrer de nouveaux et terribles combats, et, au milieu de ces troubles, il devait trouver l'occasion de reparaître sur la scène.

Dans cette disposition, il était avide de nouvelles et il aurait voulu en avoir d'autres que celles qu'il trouvait dans les gazettes. Il avait bien envoyé quelques agents sur le continent italien, et ceux-ci lui avaient rapporté que l'Italie tout entière se lèverait à son apparition, s'il voulait y descendre; mais cette perspective ne l'avait guère tenté, car ce n'était pas avec les Italiens qu'il se flattait de tenir tête à l'Europe. C'est sur la France qu'il aurait voulu recevoir des renseignements, mais il n'osait pas écrire aux hommes considérables qui l'avaient servi, de peur de les compromettre, et ceux-ci, de peur de le compromettre lui-même, avaient gardé une égale réserve. Il avait été mieux informé de ce qui se passait à Vienne. Ce n'était pas sa femme qui l'avait tenu au courant, c'était M. Meneval (son ancien secrétaire), dont la fidélité et le zèle ne s'étaient point démentis, et qui lui envoyait des nouvelles fréquentes de son fils et du congrès. M. Meneval tenait ses renseignements de madame de Brignole, noble génoise d'un rare esprit, d'un grand dévouement à la France.

Madame de Brignole recevait ses informations des principaux personnages de Vienne, et notamment de M. le duc de Dalberg, son gendre, ministre de Louis XVIII. Elle suivait les événements avec une extrême sollicitude et avait appris le projet de déporter Napoléon dans une île de l'océan Atlantique. M. Meneval n'avait pas manqué de faire part de ce projet à Napoléon. A cette nouvelle, M. Meneval en avait ajouté une autre, celle de la séparation prochaine du congrès et du départ des souverains pour le 20 février au plus tard.

Ces diverses informations avaient produit sur Napoléon une impression extrêmement vive, et provoqué chez lui de profondes réflexions sur sa situation présente et future. Il s'était déjà dit plus d'une fois qu'il ne pouvait pas mourir dans cette île, que, pour lui, pour sa gloire même, il valait mieux une fin tragique qu'une molle vieillesse dans cette tranquille prison de l'île d'Elbe.

L'ennui visible de ses compagnons d'infortune l'encourageait fort dans ces pensées. Soldats et officiers supportaient impatiemment leur oisiveté. Ils le témoignaient souvent à Napoléon, et dans leur familiarité lui disaient : « Sire, quand partons-nous pour la France ? » Il leur répondait par le silence et un sourire amical, mais il devinait ce qui se passait au fond de leur cœur et prévoyait bien que leur patience n'égalerait pas la durée de son exil. Il cherchait à occuper les soldats en les faisant travailler à ses routes, à son jardin, moyennant un supplément de solde, et laissait ceux qui ne voulaient rien faire, ravager les vignes de son domaine de

San-Martino, en riant de leurs innocentes déprédations. —
« Nous venons de Saint-Cloud, » lui disaient-ils, quand il
les rencontrait sur la route mangeant encore les raisins
qu'ils lui avaient dérobés. — « C'est bien, » leur répondait-il,
mais il sentait toute l'étendue de leur ennui, et en souffrait
plus qu'eux.....

Tandis qu'il inclinait ainsi à s'échapper de sa prison, il
reçut, après avoir été privé de communications, pendant deux
ou trois semaines, une quantité de gazettes à la fois. Il les
dévora, et y trouva avec une vive satisfaction de nouveaux
indices de la fermentation des esprits en France; elles prou-
vaient que les militaires et le peuple étaient mûrs pour
une révolution. Le *Journal des Débats*, assez exactement informé par le duc de Dalberg de ce qui se passait à Vienne,
lui apporta la confirmation de la séparation prochaine
des souverains; cette concordance avec les rapports de
M. Meneval corrobora chez lui la résolution de faire ses
préparatifs de départ.

En ce moment on lui annonça l'arrivée à Porto-Ferrajo
d'un jeune homme inconnu, qui se disait chargé d'une mission importante auprès de lui. Ce jeune homme était
M. Fleury de Chaboulon. Il avait demandé à être conduit
chez le général Bertrand, en se donnant pour un envoyé de
M. le duc de Bassano.

M. de Chaboulon a publié le récit de son entretien avec
l'Empereur. Nous le citons en l'abrégeant :

« Le général Bertrand me fit avertir de me rendre à la

porte du jardin, ajoutant que l'Empereur viendrait et me ferait appeler. Je m'y rendis. L'Empereur, accompagné de ses officiers, se promenait, suivant sa coutume, les mains derrière le dos : il passa plusieurs fois devant moi sans lever les yeux ; à la fin il me fixa, et me demanda, en italien, de quel pays j'étais : je lui répondis, en français, que j'étais parisien. « · Eh bien ! Monsieur, parlez-moi de Paris et de la France. » Il se remit à marcher, et après plusieurs questions insignifiantes, il me fit entrer dans ses appartements et me força de m'asseoir à côté de lui. « Le grand-maréchal, me dit-il d'un air froid et distrait, m'a annoncé que vous arriviez de France. — Oui, sire. — Que venez-vous faire ici ?..... Il paraît que vous connaissez Bassano. — Oui, sire. — Vous a-t-il remis une lettre pour moi ? — Non, sire. — Je vois bien qu'il m'a oublié comme tous les autres. Depuis que je suis ici, je n'ai entendu parler ni de lui, ni de personne. — Sire, dis-je, il n'a point cessé d'avoir pour Votre Majesté l'attachement et le dévouement que lui ont conservés tous les Français. — Quoi ! on pense donc encore à moi en France ? — On ne vous y oubliera jamais. — Jamais ! c'est beaucoup. Les Français ont un autre souverain : leur devoir et leur tranquillité leur commandent de ne plus songer qu'à lui. »

« Cette réponse me prouva que l'Empereur était mécontent de ce que je ne lui avais pas apporté de lettres et qu'il se défiait. « Que pense-t-on de moi en France ? me dit-il ensuite. — On y plaint et on y regrette Votre Majesté. — L'on y fait aussi sur moi beaucoup de fables et de mensonges.... Comment s'y trouve-t-on des Bourbons ? —

Sire, ils n'ont point réalisé l'attente des Français et chaque jour le nombre des mécontents augmente. — Tant pis, tant pis. Comment, Bassano ne vous a point donné de lettres pour moi ? — Non, sire ; il a craint qu'elles ne me fussent enlevées ; mais comme il a pensé que Votre Majesté, obligée de se défier de tout le monde, se défierait peut-être aussi de moi, il m'a révélé certaines circonstances qui, n'étant connues que de Votre Majesté, peuvent vous prouver que je suis digne de votre confiance. — Voyons ces circonstances. » Je lui en détaillai quelques-unes ; il ne me laissa pas achever. « Cela suffit, me dit-il ; pourquoi n'avoir point commencé par me dire tout cela ? Voilà une demi-heure que vous me faites perdre. »

« Cette bourrasque me déconcerta. Il s'en aperçut, et me dit avec douceur : « Allons, mettez-vous à votre aise, et racontez-moi dans le plus grand détail tout ce qui s'est dit et passé entre Bassano et vous. » Je lui rapportai mot à mot l'entretien que j'avais eu avec M. de Bassano. Je lui fis une énumération complète des fautes et des excès du gouvernement royal, et j'allais en déduire les conséquences, lorsque l'Empereur m'ôta la parole et me dit : « Je croyais aussi, lorsque j'abdiquai, que les Bourbons, instruits et corrigés par le malheur, ne retomberaient pas dans les fautes qui les avaient perdus en 1789. J'espérais que le roi vous gouvernerait en bon homme. C'était le seul moyen de se faire pardonner de vous avoir été donné par des étrangers. Mais depuis que les Bourbons ont mis le pied en France, leurs ministres n'ont fait que des sottises. Leur traité du 23 avril, continua-t-il en élevant la voix, m'a profondément indigné ;

d'un trait de plume ils ont dépouillé la France de la Belgi-
que et des possessions qu'elle avait acquises depuis la
Révolution; ils lui ont fait perdre les flottes, les arsenaux,
les chantiers, l'artillerie et le matériel immense que j'avais
entassés dans les forteresses et dans les ports; ils leur ont
tout livré. C'est Talleyrand qui leur aura fait faire cette
infamie; on lui aura donné de l'argent. La paix est facile à
de telles conditions. Si j'avais voulu, comme eux, signer la
ruine de la France, ils ne seraient point sur mon trône. J'aurais mieux aimé me trancher la main! J'ai préféré renoncer au trône, plutôt que de le conserver aux dépens de la
gloire et de l'honneur français... Une couronne déshonorée
est un horrible fardeau.

« Mes ennemis ont publié partout que je m'étais refusé
opiniâtrement à faire la paix; ils m'ont représenté comme un
misérable fou, avide de sang et de carnage. Si j'avais été
possédé de la rage de la guerre, j'aurais pu me retirer avec
mon armée au-delà de la Loire et savourer à mon aise la
guerre de montagnes. Je ne l'ai pas voulu... Mon nom et
les braves qui m'étaient restés fidèles faisaient encore trem-
bler les alliés, même dans ma capitale.

« Ils m'ont offert l'Italie pour prix de mon abdication; je
l'ai refusée. Quand on a régné sur la France, on ne doit pas
régner ailleurs. J'ai choisi l'île d'Elbe. Cette position me
convenait. Je pouvais veiller sur la France et sur les Bourbons. Tout ce que j'ai fait a toujours été pour la France.
C'est pour elle, et non pour moi, que j'aurais voulu la rendre la première nation du monde. Ma gloire est faite, à
moi; mon nom vivra autant que celui de Dieu... »

« L'Empereur, pendant tout ce discours, avait marché à grands pas et paraissait vivement agité. Il se tut quelques instants et reprit : « Mes généraux vont-ils à la cour? — Oui, sire. — Ils doivent y faire une triste figure? — Ils sont outrés de se voir préférer des émigrés, qui n'ont jamais entendu le bruit du canon. — Les émigrés seront toujours les mêmes... J'ai fait une grande faute en rappelant en France cette race anti-nationale ; sans moi, ils seraient tous morts de faim à l'étranger. Mais alors j'avais de grandes vues; je voulais réconcilier l'Europe avec nous et clore la Révolution.

« Que disent de moi les soldats? — Les soldats, sire, s'entretiennent sans cesse de vos immortelles victoires. Ils ne prononcent jamais votre nom qu'avec admiration, respect et douleur. Lorsque les princes leur donnent de l'argent, ils le boivent à votre santé. — (En souriant) Ils m'aiment donc toujours? — Oui, sire, et j'oserai même dire plus que jamais. — Que disent-ils de nos malheurs? — Ils les regardent comme l'effet de la trahison, et répètent sans cesse qu'ils n'auraient jamais été vaincus si la France n'eût point été vendue aux ennemis; ils ont horreur surtout de la capitulation de Paris. — Ils ont raison; sans la défection du duc de Raguse, les alliés étaient perdus. J'étais maître de leurs derrières et de toutes leurs ressources de guerre. Il ne s'en serait pas échappé un seul. Marmont a perdu son pays et livré son prince.

« Je suis bien aise d'apprendre que l'armée a conservé le sentiment de sa supériorité, et qu'elle rejette sur leurs véritables auteurs nos grandes infortunes. Je vois avec satisfaction que l'opinion que je m'étais formée de la situation de la France est exacte. Le gouvernement actuel est bon pour les prêtres, les nobles, les vieilles comtesses d'autrefois ; il ne vaut rien pour la génération actuelle. Le peuple a été habitué par la Révolution à compter dans l'État ; il ne consentira jamais à retomber dans son ancienne nullité et à redevenir le patient de la noblesse et du clergé... L'armée me sera toujours dévouée. Nos victoires et nos malheurs ont établi entre elle et moi un lien indestructible ; avec moi seul elle peut retrouver la vengeance, la puissance et la gloire ; avec le gouvernement actuel, elle ne peut gagner que des injures et des coups. »

» L'empereur, en prononçant ces mots, gesticulait et marchait avec précipitation ; il avait plutôt l'air de parler seul que de parler à quelqu'un. Tout à coup il s'arrête, et me jetant un regard de côté, il me dit : « Bassano croit-il que ces gens-là tiendront longtemps ? — Son opinion, sur ce point, est entièrement conforme à l'opinion générale, c'est-à-dire qu'on est convaincu en France que le gouvernement royal marche à sa perte. — Mais comment tout cela finira-t-il ? Croit-on qu'il y aura une nouvelle révolution ? — Sire, les esprits sont tellement mécontents et exaspérés, que le moindre mouvement partiel entraînerait nécessairement une insurrection générale, et que personne ne serait surpris qu'elle éclatât au premier jour. — Mais que feriez-vous si vous chassiez les Bourbons ? Établiriez-vous la république ? — La république, Sire, on n'y songe point. Peut-être établirait-on une régence. — Une régence, s'écria-t-il surpris

et avec véhémence, et pourquoi faire? Suis-je donc mort?
— Mais, Sire, votre absence. — Mon absence n'y fait rien.
En deux jours je serais en France, si la nation me rappelait.

« Croyez-vous que je ferais bien de revenir? ajouta l'Empereur en détournant les yeux; mais il me fut facile de remarquer qu'il attachait à cette question plus d'importance qu'il
ne voulait le faire paraître. « Sire, lui dis-je, je n'ose résou-
dre personnellement une semblable question; mais... — Ce
n'est point cela que je vous demande, me dit-il, en m'inter-
rompant brusquement; répondez oui ou non. — Eh! bien,
oui, Sire. — Vous le pensez?—Oui, Sire; je suis convaincu,
ainsi que M. de Bassano, que le peuple et l'armée vous
recevraient en libérateur et embrasseraient votre cause
avec enthousiasme. — Bassano est donc d'avis que je re-
vienne? dit l'Empereur avec un accent inquiet.—Nous avons
prévu que Votre Majesté m'interrogerait sur ce point et
voici textuellement sa réponse : « Vous direz à l'Empereur
que je n'ose prendre sur moi une résolution aussi importante, mais qu'il peut regarder comme un fait incontestable
que le gouvernement actuel s'est perdu dans l'esprit du
peuple et de l'armée; que le mécontentement est au comble,
et qu'on ne croit pas qu'il puisse lutter longtemps contre
l'animadversion générale. Vous ajouterez que l'Empereur
est devenu l'objet des regrets et des vœux de l'armée et de
la nation. L'Empereur décidera ensuite dans sa sagesse ce
qui lui reste à faire. »

» Napoléon devint pensif, et, après une longue méditation, me dit : « J'y réfléchirai; venez demain à onze
heures. »

» Le lendemain, je me présentai chez l'Empereur. Son maintien attestait un calme que démentaient ses yeux; il était aisé de s'apercevoir qu'il avait éprouvé une violente agitation. « J'avais prévu l'état de crise où la France va se trouver, me dit-il; mais je ne croyais pas que les choses fussent aussi avancées. Mon intention était de ne plus me mêler des affaires politiques; ce que vous m'avez dit a changé mes résolutions. Mais avant de prendre un parti, j'ai besoin de connaître à fond la situation de nos affaires : asseyez-vous et répétez-moi ce que vous m'avez dit hier; j'aime à vous entendre. »

« Rassuré par ces paroles et par un regard plein de douceur et de bonté, je m'abandonnai sans réserve et sans crainte à toutes les inspirations de mon esprit et de mon âme... « Brave jeune homme, me dit l'Empereur après m'avoir attentivement écouté, vous avez l'âme française; mais votre imagination ne vous égare-t-elle pas? — Non, sire, le récit que j'ai fait à Votre Majesté est fidèle; tout est exact... — Vous croyez donc que la France attend de moi sa délivrance et qu'elle me recevra comme un libérateur? Puissiez-vous ne pas vous tromper! D'ailleurs, j'arriverai si vite à Paris qu'ils n'auront pas le temps de savoir où donner de la tête. J'y serai aussitôt que la nouvelle de mon débarquement... Oui, ajouta Napoléon après avoir fait quelques pas, j'y suis résolu... C'est moi qui ai donné les Bourbons à la France, c'est moi qui dois l'en délivrer... Je partirai... L'entreprise est grande, difficile, périlleuse, mais elle n'est pas au-dessus de moi. La fortune ne m'a jamais abandonné dans les grandes occasions... Je partirai, non point seul, je ne veux point me laisser mettre la main sur le collet par des gendarmes; je partirai avec mon épée et mes grenadiers... La France est tout pour moi; je lui sacrifierai avec joie mon repos, mon sang, ma vie!... »

» L'Empereur, après avoir prononcé ces mots, s'arrêta. Ses yeux étincelaient d'espoir et de génie; son attitude annonçait la victoire. Il était grand! Reprenant la parole, il me dit: « Croyez-vous que les Bourbons oseront m'attendre à Paris? — Non, sire. — Je ne le crois pas non plus. Quand ils entendront tonner mon nom, ils trembleront, ils sentiront qu'une prompte fuite est le seul moyen de m'échapper. Mais que fera la garde nationale? Croyez-vous qu'elle se battra pour eux? — Je pense, Sire, qu'elle gardera la neutralité. — C'est déjà beaucoup... Et les maréchaux que feront-ils? — Les maréchaux, comblés d'honneurs et de richesses, n'ont plus rien à désirer que le repos. Ils craindront, en embrassant un parti douteux, de compromettre leur existence, et peut-être resteront-ils spectateurs de la crise. Peut-être même la crainte que Votre Majesté ne les punisse de l'avoir abandonnée ou trahie en 1814, les portera-t-elle à embrasser le parti du roi. — Je ne punirai personne, entendez-vous! s'écria l'Empereur. Dites-le bien à Bassano; je veux tout oublier; nous avons tous des reproches à nous faire...

« Quelle est la force de l'armée? — Je l'ignore, Sire; je sais seulement qu'elle a été considérablement affaiblie par les désertions, par les congés, et que la plupart des régiments ont à peine 300 hommes. — Tant mieux; les mauvais soldats sont partis, les bons seront restés. Connaissez-vous le nom des officiers qui commandent sur les côtes et dans la 8ᵉ division (celle de Marseille)? — Non, Sire. — Comment Bassano, dit-il avec humeur, ne m'a-t-il pas fait savoir tout cela? — Sire, il était, ainsi que moi, bien loin de prévoir que Votre Majesté prendrait sur le champ la résolution de reparaitre en France. Il pouvait croire, d'ailleurs, d'après les bruits publics, que vos agents ne vous laissaient rien ignorer de tout ce qui pouvait vous intéresser. — J'ai su que les journaux prétendaient que j'avais des agents... c'est une histoire. J'ai envoyé en France, il est vrai, quelques hommes pour savoir ce qui s'y passait, ils m'ont volé mon argent et ne m'ont entretenu que de propos de cabarets ou de cafés. Vous êtes la première personne qui m'ait fait connaitre la véritable situation de la France et des Bourbons. J'ai bien reçu, sans trop savoir de quelle part, le signalement d'assassins soudoyés contre moi et une ou deux lettres anonymes de la même main, où l'on me disait d'être tranquille, que les broderies reprenaient faveur, et autres bêtises semblables; mais voilà tout. Ce n'est pas sur de pareilles données qu'on tente un bouleversement.

« Je ne suis pas encore fixé sur le jour de mon départ. En le différant, j'aurais l'avantage de laisser le Congrès se dissoudre; mais aussi je courrais le risque, si les étrangers venaient à se brouiller, comme tout l'annonce, que les Bourbons et l'Angleterre ne me fissent garder à vue par leurs vaisseaux. Au reste, ne nous inquiétons pas de tout cela, il faut laisser quelque chose à la fortune.

« Partez : vous direz à Bassano que je suis décidé à tout

braver pour répondre aux vœux de la France; que je partirai avec ma garde d'ici au 1ᵉʳ avril, ou peut-être plus tôt; que j'oublierai tout, que je pardonne tout; que je donnerai à la France et à l'Europe les garanties qu'elles peuvent exiger de moi; que j'ai renoncé à tout projet d'agrandissement et que je veux réparer, par une paix stable, le mal que nous a fait la guerre. Vous direz aussi à Bassano et à vos amis d'entretenir et de fortifier, par tous les moyens possibles, le bon esprit du peuple et de l'armée. Si les excès des Bourbons accéléraient leur chute et que la France les chassât avant mon débarquement, vous déclareriez à Bassano que je ne veux point de régence, ni rien qui y ressemble. Allez, Monsieur, je ne vous retiens plus; ce soir, à minuit, il partira une felouque qui vous conduira à Naples. Adieu, embrassez-moi. Mes pensées et mes vœux vous suivront. »

« Deux heures après j'étais en mer. »

CHAPITRE III

Gardant, dit M. Thiers, son secret pour lui seul, Napoléon s'en ouvrit cependant à sa mère. « Je ne puis, lui dit-il, mourir dans cette île, et terminer ma carrière dans un repos qui serait peu digne de moi. D'ailleurs, faute d'argent, je serais bientôt seul ici, et dès lors, exposé à toutes les violences de mes nombreux ennemis. La France est agitée. Les Bourbons ont soulevé contre eux toutes les convictions et tous les intérêts attachés à la Révolution. L'armée me désire. Tout me fait espérer qu'à ma vue elle volera vers moi. Je puis sans doute rencontrer sur mon chemin un obstacle imprévu, un officier fidèle aux Bourbons qui arrête l'élan des troupes, et alors je succomberai en quelques heures. Cette fin vaut mieux qu'un séjour prolongé dans cette île, avec l'avenir qui m'y attend. Je veux donc tenter encore une fois la fortune. Quel est votre avis, ma mère? » Cette énergique femme éprouva un saisissement en écoutant cette confidence, et recula d'effroi, car elle comprenait que son fils, malgré sa gloire, pourrait bien expirer sur les côtes de France comme un malfaiteur vulgaire. « Laissez-moi, lui répondit-elle, être mère un moment, et je vous dirai

ensuite mon sentiment. — Elle se recueillit, garda quelque
temps le silence, puis d'un ton ferme et inspiré : « Partez,
mon fils, lui dit-elle, partez, et suivez votre destinée. Vous
échouerez peut-être et votre mort suivra de près une tentative manquée ; mais vous ne pouvez demeurer ici, je le
vois avec douleur. Du reste, espérons que Dieu, qui vous a
protégé au milieu de tant de batailles, vous protégera encore
une fois. » — Ces paroles dites, elle embrassa son fils avec
une violente émotion.

Le parti de Napoléon, déjà pris, le fut plus résolûment
encore...

— Pour mieux assurer le secret de ses préparatifs,
Napoléon, deux jours avant de s'embarquer, fit mettre l'em-
bargo sur tous le bâtiments entrés à l'île d'Elbe, et ne
permit plus une seule communication avec la mer.

Enfin, après avoir bien ruminé sa résolution et son plan,
après s'être dit qu'il ne pouvait finir sa carrière dans cette
ile, si voisine de la France, sans être bientôt seul, faute de
moyens pour nourrir ses soldats, et exposé aux coups des
plus vulgaires assassins ; sans être d'ailleurs prochainement
déporté par les puissances européennes ; après s'être dit
que, dans l'état de la France, d'autres tenteraient peut-être ce
qu'il allait faire, sans avoir la même chance de réussir ;
qu'en se montrant, sa présence suffirait pour attirer à lui
toute l'armée et mettre les Bourbons en fuite ; que les souverains, à la veille de se séparer, ne seraient pas faciles à
réunir de nouveau, qu'ils hésiteraient à reprendre les armes

pour les Bourbons en les voyant si fragiles, et en le trouvant, lui, si pacifique, car il était résolu à l'être; qu'il avait
donc toute chance de rétablir d'un coup de baguette magique
le trône impérial; qu'enfin il fallait se hâter pendant que les
nuits étaient longues encore; après s'être dit tout cela une
dernière fois, il adopta le 26 février pour le jour de sa fabu-
leuse entreprise.

Le 26, jusqu'au milieu du jour, Napoléon laissa ses soldats
continuer les travaux auxquels ils étaient employés. Dans
l'après-midi on les convoqua subitement, on leur fit manger
la soupe, puis on les rassembla sur le port avec armes et
bagages, en leur disant qu'ils allaient monter à bord des
bâtiments. Bien qu'on ne leur eût pas avoué que c'était pour
se diriger vers la France, ils n'eurent pas un doute, et se
livrèrent à des transports de joie inexprimables. Sortir de
leur immobilité fatigante, se déplacer, agir, revoir la France,
revenir au faîte de la puissance et de la gloire, étaient
autant de perspectives qui les ravissaient, et ils remplirent
la rade de Porto-Ferrajo des cris de : Vive l'Empereur!...

Napoléon ne tarda pas à paraître, accompagné de Bertrand, de Drouot, de Cambronne et de tout l'état-major qui
l'avait suivi dans l'exil. Il venait de dîner avec sa mère et
sa sœur, et, les embrassant à plusieurs reprises, tâchant en
vain d'essuyer leurs larmes, leur rappelant l'espèce de
miracle qui, au milieu de tous les feux de l'Europe, avait
protégé vingt ans sa personne, il les quitta le cœur ému,
mais ferme, et descendit au rivage le front rayonnant d'es-
pérance. Sa présence fit éclater de nouveaux cris d'enthou-

siasme, et bientôt la petite armée qui allait conquérir l'empire de France à la face de toute l'Europe fut à bord des bâtiments destinés à la transporter.

Vers sept heures du soir, la flotille impériale mit à la voile...

Le vent soufflant du sud, en ce moment, la fortune semblait vouloir favoriser cette audacieuse expédition, et protéger une dernière fois l'homme extraordinaire qu'elle avait plusieurs fois transporté au-delà des Alpes, conduit en Egypte, ramené sain et sauf en France, secondé dans toutes ses entreprises, des bords du Tage à ceux du Borysthène ! Lui accorderait-elle encore une de ces faveurs dont elle avait rempli sa prodigieuse vie ? Là était le doute, qui n'en était pas un pour Napoléon et ses soldats, tant ils étaient confiants.

Bientôt commencèrent les alternatives qui se produisent même dans les plus brillantes réussites. L'heureux vent du sud faiblit sensiblement et, arrivée en vue du cap Saint-André, la flotille demeura immobile. Les commandants des navires voulaient rentrer dans le port; Napoléon résolut de continuer son entreprise.

A midi le vent fraîchit et on s'éleva à la hauteur de Livourne. A droite, vers la côte de Gênes, on voyait une frégate et une autre à gauche vers le large; au loin un vaisseau de ligne, poussé par un vent d'arrière, semblait se diriger à toutes voiles sur la flotille. C'étaient là des périls qu'il fallait braver, en se fiant du résultat à la fortune. On continua de naviguer, et tout-à-coup on se trouva bord à bord avec un brick de guerre français, le *Zéphir*, commandé par le lieutenant de vaisseau Andrieux, bon officier, que la petite marine de l'île d'Elbe rencontrait souvent. On pouvait essayer d'enlever ce brick, mais Napoléon ne le voulut pas. Il fit coucher ses grenadiers sur le pont, et ordonna au capitaine Taillade, qui connaissait le commandant Andrieux, de le saluer. Le commandant lui rendit son salut, et lui demanda : « Comment se porte l'empereur ? — Très-bien, répondit le capitaine Taillade. — Tant mieux », ajouta le commandant Andrieux ; et il poursuivit son chemin, sans soupçonner la rencontre qu'il venait de faire, et l'immensité de choses qu'il venait de laisser passer, sans s'en apercevoir.

A la nuit, on vit disparaître les bâtiments de guerre qui avaient donné de l'inquiétude quelques heures auparavant, et on mit le cap sur la France...

Le premier mars, au matin, jour à jamais mémorable, on découvrit la côte avec une satisfaction indicible. A midi, on aperçut Antibes et les îles Sainte-Marguerite. A trois heures on mouilla dans le golfe Juan. Napoléon ayant surmonté de la manière la plus heureuse les premières difficultés de son entreprise, put croire au retour de son ancienne fortune, et ses soldats qui le croyaient comme lui firent retentir les airs du cri de : Vive l'Empereur !

A un signal donné et au bruit du canon, on aborda sur

tous les bâtiments le drapeau tricolore; chaque soldat prit la cocarde aux trois couleurs et on mit les chaloupes à la mer pour opérer le débarquement.....

A cinq heures, le débarquement était terminé. Les onze cents hommes de Napoléon, avec quatre pièces de canon et leur bagage, étaient descendus à terre et avaient établi leur bivouac dans un champ d'oliviers, sur la route d'Antibes à Cannes.

Donnons maintenant la parole à M. de VAULABELLE.

CHAPITRE IV

Le départ de l'ile d'Elbe avait été si précipité, que l'Empereur n'avait pas eu le temps de préparer une seule proclamation; ce fut l'œuvre des deux derniers jours de la traversée. Deux adresses, l'une *au peuple*, l'autre à *l'armée*, furent dictées par Napoléon et copiées par tous les officiers et sous-officiers embarqués avec lui. Cinq cents copies se trouvaient faites lorsque la flottille toucha la rive. Quand tout le monde fut à terre, on forma les rangs; les différents bataillons quittèrent le drapeau blanc parsemé d'abeilles, couleurs de l'ile d'Elbe, et arborèrent le drapeau tricolore. Un ban fut ensuite battu, et les capitaines de chaque compagnie, se plaçant au centre, lurent d'une voix forte la proclamation suivante :

A L'ARMÉE.

« Soldats ! nous n'avons pas été vaincus ! Deux hommes, sortis de nos rangs, ont trahi nos lauriers, leur prince, leur bienfaiteur.

« Ceux que nous avons vus pendant vingt-cinq ans parcourir l'Europe pour nous susciter des ennemis, qui ont passé leur vie à combattre contre nous dans les rangs des armées étrangères, en maudissant notre belle France, prétendraient-ils commander et enchaîner nos aigles, eux qui n'ont jamais pu en soutenir les regards ? Souffrirons-nous qu'ils héritent du fruit de nos glorieux travaux, qu'ils s'emparent de nos honneurs, de nos biens, qu'ils calomnient notre gloire ? Si leur règne durait, tout serait perdu, même le souvenir de ces immortelles journées. Avec quel acharnement ils les dénaturent ! Ils cherchent à empoisonner ce que le monde admire, et, s'il reste encore des défenseurs de notre gloire, c'est parmi ces mêmes ennemis que nous avons combattus sur les champs de bataille.

« Soldats ! dans mon exil, j'ai entendu votre voix, je suis arrivé à travers tous les obstacles et tous les périls.

« Votre général, appelé au trône par le vœu du peuple et élevé sur vos pavois, vous est rendu : venez le rejoindre.

« Arrachez ces couleurs que la nation a proscrites, et qui, pendant vingt-cinq ans, servirent de ralliement à tous les ennemis de la France. Arborez cette cocarde tricolore que vous portiez dans nos grandes journées.

« Nous devons oublier que nous avons été les maîtres des nations, mais nous ne devons pas souffrir qu'aucune se mêle de nos affaires. Qui prétendrait être maître chez nous ? Qui en aurait le pouvoir ? Reprenez ces aigles que vous aviez

à Ulm, à Austerlitz, à Iéna, à Eylau, à Friedland, à Tudéla,
à Eckmühl, à Essling, à Wagram, à Smolensk, à la Moskowa, à Lutzen, à Wurtschen, à Montmirail ! Pensez-vous
que cette poignée de Français, aujourd'hui si arrogants,
puissent en soutenir la vue? Ils retourneront d'où ils viennent;
et là, s'ils veulent, ils régneront, comme ils prétendent l'avoir
fait, depuis dix-neuf ans !

« Vos rangs, vos biens, votre gloire; les rangs, les biens
et la gloire de vos enfants, n'ont pas de plus grands ennemis
que ces princes que les étrangers vous ont imposés; ils sont
les ennemis de notre gloire, puisque le récit de tant d'actions
héroïques qui ont illustré le peuple français, combattant
contre eux pour se soustraire à leur joug, est leur condam-
nation.

« Les vétérans des armées de Sambre-et-Meuse, du Rhin,
d'Italie, d'Égypte, de l'Ouest, de la Grande-Armée, sont
humiliés; leurs honorables cicatrices sont flétries; leurs
succès seraient des crimes; ces braves seraient des rebelles,
si, comme le prétendent les ennemis du peuple, les souverains légitimes étaient au milieu de l'ennemi. Les honneurs,
les récompenses, leur affection, sont pour ceux qui les ont
servis contre la patrie et contre nous.

« Soldats ! venez vous ranger sous les drapeaux de votre
chef. Son existence ne se compose que de la vôtre; ses droits
ne sont que ceux du peuple et les vôtres; son intérêt, son
honneur et sa gloire ne sont autres que votre intérêt, votre
honneur et votre gloire. La victoire marchera au pas de

charge; l'aigle avec les couleurs nationales volera de clocher en clocher jusqu'aux tours de Notre-Dame; alors, vous pourrez vous vanter de ce que vous aurez fait : vous serez les libérateurs de la patrie.

» Dans votre vieillesse, entourés et considérés de vos con- citoyens, ils vous entendront, avec respect, raconter vos hauts faits; vous pourrez dire avec orgueil : « Et moi aussi » je faisais partie de cette Grande-Armée qui est entrée deux » fois dans les murs de Vienne, dans ceux de Berlin, de ». Madrid, de Moscou, et qui a délivré Paris de la souillure » que la trahison et la présence de l'ennemi y ont empreinte. »

» Honneur à ces braves soldats, la gloire de la patrie, et honte éternelle aux Français criminels, dans quelque rang que la fortune les ait fait naître, qui combattirent vingt-cinq ans avec l'étranger pour déchirer le sein de la patrie!

« NAPOLÉON. »

L'éloquence et la mâle énergie de ce langage empruntaient un singulier caractère de grandeur au lieu où la scène se passait : devant les soldats était la mer et son immensité; de tous les côtés le silence d'une plage déserte. Chaque com- pagnie répondit à cette lecture par le cri de : Vive l'Empe- reur! Chaque soldat, électrisé, se tint prêt à braver tous les périls.

Deux routes s'ouvraient à l'Empereur pour arriver à Lyon : l'une par Draguignan et les vallées de la Durance et du Rhône; l'autre par le pied des Alpes jusqu'à Grenoble. La première était celle qu'il avait suivie après son départ de Fontainebleau; elle traversait des pays riches et faciles, des populations nombreuses, mais mal disposées. La seconde, fort pénible, courait à travers des contrées montueuses et pauvres, mais dont les habitants, à toutes les époques, avaient fait preuve du patriotisme le plus énergique. Ce fut celle-là qu'il choisit.

Le bivouac établi sur le rivage, dans un champ entouré d'oliviers, fut levé à onze heures du soir. La lune venait de se montrer. Napoléon, à la tête de sa petite troupe, traversa d'abord le bourg de Cannes, et, laissant Antibes sur sa droite, il prit le chemin des montagnes et se dirigea vers Grasse. Une démonstration sur Antibes avait eu lieu. L'Empereur, avant de débarquer, avait détaché un capitaine de sa garde et vingt-cinq hommes pour s'emparer de la batterie de la côte dans le cas où il en existerait une. Le capitaine, ne trouvant point de batterie, conçut le projet d'utiliser son détachement en soulevant le bataillon de ligne qui tenait garnison dans Antibes. Il entra résolûment dans la place aux cris de: Vive l'Empereur! Les soldats se montrèrent sympathiques, mais le général qui commandait, d'abord étourdi, reprit courage à la vue du petit nombre des assaillants; il fit lever les ponts-levis et fermer les portes; les vingt-cinq grenadiers se trouvèrent prisonniers.

Napoléon ne voulut point perdre de temps en vains pourparlers avec le commandant d'Antibes. Il marcha durant toute la nuit et pendant toute la matinée du lendemain sans se reposer. Les paysans des villages qu'il traversait, debout sur leurs portes, regardaient passer la petite colonne impériale sans prononcer un seul mot. Vainement quelques soldats leur disaient : « L'Empereur est de retour; il est là; » ils secouaient la tête d'un air de doute, ou souriaient en gens qui ne veulent pas qu'on les croie dupes d'une fable grossière.

Grasse, ville ouverte, de 8 à 10,000 âmes, était en alarme quand Napoléon y arriva. On venait d'y répandre le bruit d'un nombreux débarquement de pirates. Toutes les boutiques et la plupart des fenêtres étaient fermées; mais les habitants remplissaient les rues. La colonne traversa la ville et la foule sans provoquer la moindre manifestation. Arrivée de l'autre côté, sur une hauteur, elle s'arrêta. L'accueil silencieux de cette population avait étonné les soldats. Mais bientôt l'inquiétude cessa; un grand nombre d'habitants, le premier moment de surprise passé, se portèrent vers la colonne impériale avec des aliments de toute espèce et aux cris de : Vive l'Empereur! Après un repos d'une heure, Napoléon se remit en marche, abandonnant ses quatre pièces d'artillerie dont le transport, dans les montagnes où il allait entrer, aurait trop embarrassé sa marche. Le soir, 2 mars, il coucha au village de Cérénon, sur la limite du département des Basses-Alpes. Dans cette première journée, lui et ses soldats avaient fait vingt lieues.

Le 3, l'Empereur vint coucher à Barême. Le 4, il dina à Digne, ville ouverte, chef-lieu des Basses-Alpes, que le général, commandant le département, venait de quitter avec la garnison dont il redoutait les dispositions. Digne possédait une ou deux presses ; les adresses rédigées à bord de l'*Inconstant* y furent imprimées. Nous avons reproduit la proclamation *à l'armée* ; celle adressée au peuple était ainsi conçue :

PROCLAMATION AU PEUPLE FRANÇAIS.

« Français ! la défection du duc de Castiglione livra Lyon sans défense à nos ennemis ; l'armée, dont je lui avais confié le commandement, était, par le nombre de ses bataillons, la bravoure et le patriotisme des troupes qui la composaient, à même de battre le corps d'armée autrichien qui lui était opposé et d'arriver sur le flanc de l'armée ennemie qui menaçait Paris.

« Les victoires de Champaubert, de Montmirail, de Château-Thierry, de Vauxchamps, de Mormans, de Montereau, de Craonne, de Reims, d'Arcis-sur-Aube et de Saint-Dizier, l'insurrection des braves paysans de la Lorraine, de le Champagne, de l'Alsace, de la Franche-Comté et de la Bourgogne, et la position que j'avais prise sur les derrières de l'armée ennemie, en la séparant de ses magasins, de ses parcs de réserve, de ses convois et de tous ses équipages, l'avait placée dans une position désespérée. Les Français ne furent jamais sur le point d'être plus puissants, et l'élite de l'armée ennemie était perdue sans ressource ; elle eût trouvé son tombeau, dans ces vastes contrées qu'elle avait

si impitoyablement saccagées, lorsque la trahison du duc
de Raguse livra la capitale et désorganisa l'armée.

« La conduite inattendue de ces deux généraux, qui
trahirent à la fois leur patrie, leur prince, leur bienfai-
eur, changea le destin de la guerre.

« Dans ces nouvelles et grandes circonstances, mon
cœur fut déchiré, mais mon âme resta inébranlable. Je
ne consultai que l'intérêt de la patrie; je m'exilai sur un
rocher au milieu des mers : ma vie vous était et devait
encore vous être utile. Je ne permis pas que le grand
nombre de citoyens qui voulaient m'accompagner parta-
geassent mon sort ; je crus leur présence utile à la France
et je n'emmenai avec moi qu'une poignée de braves, nécessaires à ma garde.

« Élevé au trône par votre choix, tout ce qui a été fait
sans vous est illégitime. Depuis vingt-cinq ans, la France
a de nouveaux intérêts, de nouvelles institutions, une nouvelle gloire, qui ne peuvent être garantis que par un gouvernement national, et par une dynastie née dans ces nouvelles
circonstances.

« Un prince qui régnerait sur vous, qui serait assis sur
mon trône par la force des mêmes armées qui ont ravagé
notre territoire, chercherait en vain à l'étayer des principes
du droit féodal; il ne pourrait assurer l'honneur et les
droits que d'un petit nombre d'individus, ennemis du
peuple qui, depuis vingt-cinq ans, les a condamnés dans

toutes les assemblées nationales. Votre tranquillité intérieure et votre considération extérieure seraient perdues à jamais.

« Français ! dans mon exil, j'ai entendu vos plaintes et vos vœux ; vous réclamez ce gouvernement de votre choix, qui seul est légitime. Vous accusez mon long sommeil, vous me reprochez de sacrifier à mon repos les grands intérêts de la patrie.

« J'ai traversé les mers, au milieu de périls de toute espèce ; j'arrive parmi vous reprendre mes droits qui sont les vôtres.

« Tout ce que des individus ont fait, écrit ou dit depuis la prise de Paris, je l'ignorerai toujours ; cela n'influera en rien sur le souvenir que je conserve des services importants qu'ils ont rendus ; car, il est des événements d'une telle nature, qu'ils sont au-dessus de l'organisation humaine.

« Français ! il n'est aucune nation, quelque petite qu'elle soit, qui n'ait eu le droit et qui ne se soit soustraite au déshonneur d'obéir à un prince imposé par un ennemi momentanément victorieux. Lorsque Charles VII rentra à Paris et renversa le trône éphémère de Henri VI, il reconnut tenir son trône de la vaillance de ses braves et non d'un prince régent d'Angleterre. C'est aussi à vous seuls et aux braves de l'armée que je fais et ferai toujours gloire de tout devoir.

« NAPOLÉON. »

La vie politique de la France, durant les vingt-cinq années d'exil passées par les Bourbons à l'étranger, n'était, aux yeux de ces princes, qu'une longue succession de crimes ou de fautes sans excuses, auxquels, dans leurs jours d'indulgence, ils daignaient promettre le pardon et l'oubli. Napoléon, nature plus noble et plus haute, ne s'engageait pas seulement à ne garder souvenir que des anciens services rendus ; s'il parlait des lâchetés et des trahisons qui, dix mois auparavant, avaient précipité sa chute et celle de sa dynastie, c'était pour accuser, non les hommes, mais la faiblesse humaine.

Digne fournit à l'Empereur un petit nombre de chevaux pour ses lanciers polonais. Ces braves gens, les officiers comme les soldats, obligés de quitter l'ile d'Elbe sans pouvoir embarquer leurs montures, en avaient emporté l'équipement, et marchaient joyeusement à l'avant-garde, courbés sous ce lourd bagage. Napoléon faisait acheter pour eux tous les chevaux qu'il rencontrait et remontait ainsi, homme par homme, sa petite cavalerie. En quittant Digne, le 5, au matin, les cavaliers déjà pourvus pouvaient former un peloton.

La route de Digne à Gap, chef-lieu des Hautes-Alpes, traverse la Durance à Sisteron. Le pont de cette dernière ville, protégé par une forteresse, pouvait offrir un obstacle infranchissable à la petite troupe impériale, s'il était occupé ou défendu. Le général Cambronne s'y porta dans la nuit avec une simple avant-garde de quarante grenadiers et se rendit maitre du passage. L'Empereur y arriva dans la matinée

avec le reste de son détachement. Prenant alors les devants
avec les quarante grenadiers de Cambronne et six lanciers
polonais, il entra le soir dans Gap entouré de cette faible
escorte. Les autorités de Gap, avaient imité celles de Digne :
elles s'étaient retirées devant l'Empereur, emmenant avec
elles le petit nombre de soldats casernés dans la ville.

A mesure que Napoléon s'éloignait de la Méditerranée et
pénétrait vers le Dauphiné, le peuple des villes et les habitants des campagnes témoignaient plus d'attachement à sa
personne et accueillaient sa venue avec plus d'enthousiasme.
Ces sentiments, toutefois, empruntaient au rude et franc patriotisme de ces populations un caractère d'indépendance
auquel Napoléon n'était pas habitué. Mais les préjugés, pui-
sés par l'Empereur dans l'exercice d'un long pouvoir absolu,
se turent devant l'expression de ce dévouement si énergique
et si pur à la grande cause nationale ; il remercia les montagnards des Alpes, dans un langage qui appartenait à la
période consulaire plutôt qu'à l'époque impériale. Voici la
proclamation qu'il leur adressa :

AUX HABITANTS DES HAUTES ET BASSES-ALPES.

« Citoyens ! j'ai été vivement touché de tous les sentiments
que vous m'avez montrés ; vos vœux seront exaucés. La
cause de la nation triomphera encore ! Vous avez raison de
m'appeler votre père ; je ne vis que pour l'honneur et le
bonheur de la France. Mon retour dissipe toutes vos inquié-
tudes, il garantit la conservation de toutes les propriétés,
l'égalité entre toutes les classes et les droits dont vous jouis

siez depuis vingt-cinq ans, droits après lesquels nos pères ont tous soupiré et qui forment aujourd'hui une partié de votre existence.

« Dans toutes les circonstances où je pourrai me trouver, je me rappellerai avec un vif intérêt tout ce que j'ai vu en traversant votre pays.

« NAPOLÉON. »

L'Empereur ne quitta Gap, le 6 mars, qu'à deux heures de l'après-midi. Les adresses *au peuple* et *à l'armée*, et la courte proclamation que nous venons de reproduire, affichées dans toute la ville, avaient excité au plus haut degré l'enthousiasme des habitants. La population tout entière, lorsqu'il se remit en route, se porta sur son passage et le salua de ses acclamations. Les mêmes sentiments éclatèrent dans toutes les localités placées sur sa route. Les gens de Saint-Bonnet, entre autres, inquiets de la faiblesse de son escorte, lui proposèrent de sonner le tocsin pour réunir les hommes de tous les villages et l'accompagner en masse. « Non, répondit l'Empereur; je vois que je ne me suis pas trompé ; vos sentiments me garantissent ceux de la France et de l'armée. Tous les soldats que je rencontrerai se rangeront de mon côté. Restez tranquille chez vous. »

Le même jour, Napoléon vint coucher à Corps. Seuls Cambronne et ses quarante grenadiers, avant-garde infatigable, poussèrent le même soir jusqu'à La Mure. Ils durent s'y arrêter, la route se trouvait barrée par un bataillon du

5e de ligne et deux compagnies de sapeurs-mineurs, en tout sept à huit cents soldats, avant-garde d'un corps de six mille hommes que le gouvernement réunissait à Grenoble. C'étaient les premières troupes contre lesquelles l'Empereur devait se heurter.

Cambronne essaya de parlementer avec les avant-postes ; on lui répondit qu'il y avait défense de communiquer. Il fit avertir l'Empereur. Mais, dans la nuit, le commandant des troupes royales, alarmé des dispositions des habitants de La Mure, craignant d'ailleurs de se voir tourné, rétrograda de trois lieues et vint prendre position en avant de Vizille, sur un point où la route se trouve resserrée entre les lacs de Laffray. Le lendemain 7, Napoléon, poursuivant sa marche, traversa La Mure et s'approcha des lacs. Les deux colonnes se trouvèrent bientôt en vue. L'Empereur alors s'arrêta et donna à son officier d'ordonnance, le chef d'escadron Raoul, l'ordre d'aller le faire reconnaître. Cet officier reçut la même réponse que Cambronne ; on menaça même de tirer sur lui, s'il insistait. Napoléon comprit que le succès de son entreprise dépendait de cette première rencontre : il fit continuer la marche.

La route suivait une vallée assez resserrée. Dans les champs, dans les prés, des deux côtés du chemin, et sur les flancs de la route royale, on voyait un nombre considérable d'habitants de la campagne, que le bruit du prochain passage de l'Empereur ainsi que la présence des détachements revenus pendant la nuit de La Mure, avaient fait accourir de tous les villages voisins. Les vœux de cette population étaient pour l'Empereur; la vue de ce souverain exaltait l'enthousiasme et comblait les espérances de cette foule; elle brûlait de se jeter au devant de lui, de le saluer de ses acclamations ; et cependant l'inquiétude, l'attente de ce qui allait se passer la tenaient muette et immobile.

Quand les deux colonnes furent en présence, Napoléon commanda aux siens de mettre l'arme sous le bras, et, descendant de cheval, il s'avança vers les troupes royales. Ses grenadiers, le canon de leurs fusils dirigé vers la terre, ne le suivaient qu'à distance. Le moindre mouvement, un cri, un coup de feu décidaient en ce moment de la destinée de Napoléon. Nul, toutefois, ne bougeait. Toutes les pensées des hommes réunis sur cet étroit espace semblaient concentrées dans leurs regards ; leurs yeux ne quittaient pas ce chef à redingote grise qui, seul, isolé des siens, la contenance calme et la poitrine découverte, marchait droit aux sept cents soldats armés, placés en travers de sa route. Arrivé à vingt pas environ du front de bataille, Napoléon s'arrêta, porta la main à son chapeau, salua, et dit d'une voix forte : « Soldats du 5e de ligne, s'il en est un seul parmi vous qui veuille tuer son général, son empereur, il le peut : me voilà ! »

Il y eut alors un moment de silence suprême ; puis un immense cri de : Vive l'Empereur ! se fit entendre. Les rangs des deux troupes furent aussitôt confondus ; les soldats entourent l'Empereur, les larmes aux yeux, baisant ses mains, ses habits et montrant une joie qui tenait du délire. Les habitants se mêlèrent aux soldats; pendant quelques

instants, toute cette foule ne forma qu'un seul groupe ;
Napoléon s'y trouvait enfermé. Il disait aux soldats du 5ᵉ de
ligne : « Je viens avec une poignée de braves, parce que je
« compte sur le peuple et sur vous. Le trône des Bourbons
« est illégitime, puisqu'il n'a pas été élevé par la nation ; il
« est contraire à la volonté nationale, puisqu'il est contraire
« aux intérêts de notre pays, et qu'il n'existe que dans l'in-
« térêt d'un petit nombre de familles. Demandez à vos
« pères ; interrogez ces braves paysans : vous apprendrez
« de leur bouche la véritable situation des choses. Ils sont
« menacés du retour des dîmes, des priviléges, des droits
« féodaux et de tous les abus dont vos succès les avaient
« délivrés. N'est-il pas vrai, mes amis? ajoutait Napoléon
« en s'adressant aux montagnards.— Oh ! oui, Sire, répon-
« daient ceux-ci tout d'une voix ; on voulait nous attacher à
« la terre. Vous venez, comme l'ange du Seigneur, pour
« nous sauver. »

Le bataillon du 5ᵉ demanda à Napoléon la faveur de
former son avant-garde ; l'Empereur la lui accorda. On se
remit en marche. Les habitants de la campagne suivirent
la troupe ; leur nombre, grossi par les hommes de tous les
villages placés sur la route, s'élevait à plusieurs milliers
quand la tête de la colonne entra dans Vizille. Là, l'enthousiasme fut extrême ; les habitants firent à Napoléon une
véritable entrée triomphale. L'Empereur avait peine à
s'avancer au milieu de la foule enivrée qui se précipitait sur
ses pas. « C'est ici qu'est née la révolution ! s'écriaient les
habitants de Vizille. C'est nous qui, les premiers, avons osé
réclamer les droits des hommes libres ! C'est encore ici que

ressuscite la liberté française ! » On s'efforçait de le retenir ; il résista à toutes les instances. Il voulait arriver à Grenoble avant la nuit. La possession de cette place, qui renfermait six régiments, devait en effet décider militairement le succès de son entreprise. Grenoble ne lui donnait pas seulement des troupes ; il y trouvait un arsenal, des approvisionnements et un point d'appui.

Le 5ᵉ de ligne et le 2ᵉ régiment du génie formaient primitivement la garnison de cette ville ; mais, par suite de la concentration des troupes, en vue d'observer l'italie, le maréchal Soult venait d'y appeler, de Chambéry, le 7ᵉ et le 11ᵉ de ligne; de Valence, le 4ᵉ régiment d'artillerie ; de Vienne, le 4ᵉ de hussards. Ces forces, placées sous le commandement du général Marchand, présentaient un effectif d'environ 6,000 hommes.

Depuis la veille, la fermentation était grande dans les casernes et sur les places publiques de Grenoble. Des cris de vive l'Empereur ! avaient éclaté durant toute la nuit, et telle était l'excitation de la population et des soldats, le matin du 7, que ni les autorités militaires, ni l'autorité civile n'avaient déjà plus l'influence et la force nécessaires pour arrêter le mouvement. Dans la journée, les nouvelles venues du dehors sur l'approche de l'Empereur portèrent l'effervescence au comble. Les soldats voulaient courir au devant de leur ancien souverain. Le colonel du 11ᵉ de ligne, désespérant de contenir son régiment, le fit sortir de la place et parvint à l'entraîner sur la route de Chambéry.

Le colonel Labédoyère, vers les quatre heures, sortit également à la tête du sien (le 7ᵉ); mais il prit la route de Vizille et conduisit ses soldats au devant de l'Empereur, qui l'embrassa avec effusion. Le général Marchand et le préfet, craignant de voir le reste de la garnison suivre le même chemin, firent fermer les portes. Grenoble, lorsque l'Empereur parut devant ses murs, à neuf heures du soir, présentait un spectacle étrange. Sur le sommet des remparts, les soldats restés dans la ville et les habitants saluant de cris enthousiastes la venue de la colonne impériale ; au pied des murailles, les grenadiers de l'île d'Elbe, le 7ᵉ de ligne, le bataillon du 5ᵉ, et plusieurs milliers de gens de la campagne, répondant à ces acclamations et furieux de ne pouvoir entrer. Les sapeurs des deux troupes se mirent à l'œuvre ; les portes, attaquées au dedans et au dehors à coups de haches, volèrent bientôt en éclats ; leurs débris furent recueillis ; on les présenta à l'Empereur : « Nous ne pouvons vous offrir les clefs de la ville, lui dirent les soldats et le peuple, mais en voici les portes. » L'entrée de Napoléon eut lieu aux flambeaux. Tandis qu'il pénétrait dans la place par la porte de Vizille, le général Marchand et le préfet sortaient par la porte de Lyon.

Le lendemain, 8 mars, Napoléon recevait les autorités municipales et tous les corps constitués. A deux heures, il passait la revue des régiments de toutes armes, au milieu d'une population immense, qui faisait entendre les cris de : « A bas les Bourbons! à bas les ennemis du peuple! vive l'Empereur! » La revue achevée, toutes les troupes quittèrent immédiatement la ville pour se porter à marche forcée sur Lyon. Une circonstance, remarquée ce jour-là par les habitants de Grenoble, peut aider à comprendre les événements de cette époque. Chaque soldat, en sortant le matin de sa chambrée, avait au shako une cocarde tricolore, vieille, usée, relique glorieuse que tous avaient pieusement cachée au fond de leurs sacs lorsqu'ils avaient dû prendre la cocarde blanche.

CHAPITRE V

Le 9, l'Empereur vint coucher à Bourgoin. Sa marche sur
cette route était un véritable triomphe. La calèche où il se
tenait assis, constamment entourée par une foule compacte
de gens de la campagne, ne pouvait aller qu'au pas. Cette
populaire escorte faisait éclater sa joie, tantôt par des cris,
tantôt par des chansons. Quelques-uns adressaient la parole à l'Empereur : « Enfin, vous voilà arrivé! disaient-ils ;
nous allons donc être débarrassés de l'insolence des nobles
et des prétentions des prêtres ; nous serons vengés de
l'étranger. » Napoléon souriait. Le 10, au soir, il était devant Lyon.

C'est de Lyon que, le 5 mars, la première nouvelle du débarquement au golfe Juan avait été transmise à Paris par
le télégraphe. Elle était arrivée, la nuit précédente, au général commandant la division militaire du Rhône, par un
courrier expédié de Marseille ; cette dépêche était ainsi
conçue :

« Bonaparte a débarqué, le 1er mars, près de Cannes, dans le département du Var, avec 1,200 hommes et quatre pièces de canon ; il s'est dirigé sur Digne et Gap pour prendre, à ce qu'il paraît, la route de Grenoble. Toutes les mesures sont prises pour l'arrêter et déjouer cette tentative insensée. Tout annonce le meilleur esprit dans les départements méridionaux. La tranquillité publique est assurée. »

C'est à M. de Vitrolles, ministre d'État, que la dépêche arriva ; il la porta immédiatement aux Tuileries. Louis XVIII la lut sans manifester la moindre inquiétude ; il se contenta de dire à M. de Vitrolles, avec l'accent de la plus profonde indifférence : « Allez voir le maréchal Soult, et dites-lui de faire ce qui sera nécessaire. » Le maréchal refusait de croire à la nouvelle. La réponse qu'il transmit par la voie télégraphique à Lyon se ressentit de ce premier doute ; il ne prescrivait aucune mesure, et se bornait à annoncer des ordres pour le lendemain. Dans la soirée pourtant, M. de Vitrolles fit décider le départ du comte d'Artois pour Lyon, celui du duc de Bourbon pour la Vendée, et celui du duc de Berry pour Besançon, ainsi que la formation des 30,000 hommes déjà mis en mouvement pour observer les Alpes, en trois corps ayant leurs quartiers généraux à Lyon, à Marseille et à Besançon.

Le lendemain 6, une seconde dépêche annonça que Napoléon s'avançait positivement par Digne et Gap sur Grenoble et sur Lyon. L'assurance de la veille faiblit un peu. Louis XVIII lui-même, sans montrer précisément de l'inquiétude, commençait à soupçonner la gravité de l'événement. M. de Blacas, en revanche, n'était pas ébranlé; sa confiance restait absolue; il s'efforçait de la faire partager à son maître. « Le retour de Bonaparte n'a sans doute rien de grave, répondait le roi. Je crois comme vous que c'est une folie; mais enfin ce n'est pas un événement ordinaire, il y a quelque chose derrière : certainement, c'est un complot. » Les Bourbons avaient conspiré durant vingt-cinq ans ; ils ne croyaient qu'aux complots....

Ni la cour, ni les ministres ne savaient rien des deux ou trois conjurations, toutes publiques, où le nom du duc d'Orléans jouait un rôle si important. Elles avaient été ourdies par Fouché, qui travaillait à renverser les Bourbons, soit au profit de la régence de l'Impératrice, soit plutôt au profit du duc d'Orléans. Toutefois le passé de ce prince, sa position et son attitude exceptionnelles au milieu de la famille royale avaient instinctivement appelé sur lui l'attention de M. de Vitrolles. « M. le duc d'Orléans, avait-il dit, ne peut demeurer au Palais-Royal quand le frère du roi et ses neveux quittent les Tuileries; dans des circonstances comme celles-ci, la place du premier prince du sang est au côté de Monsieur. » On décida que le duc partirait également pour Lyon.

Ce prince était fort peu désireux d'abandonner ses affections de famille et ses nombreuses affaires d'intérêt privé. Il se rendit aux Tuileries, dans le but de rassurer Louis XVIII sur son compte et de l'amener à ne pas insister sur son départ de Paris. Les principaux meneurs des intrigues où intervenait son nom ne lui avaient rien laissé ignorer; on raconte que, dans son entrevue avec le roi, après avoir mis sa personne et sa fortune au service du chef de sa race, il fit connaître à ce dernier les dangers que pouvaient faire courir à la monarchie les projets des conspirateurs militaires et civils qui travaillaient déjà à substituer la branche cadette à la branche aînée des Bourbons. « Il dénonça ces projets au roi, » a dit Lafayette. Cette démarche était assurément de nature à désarmer la méfiance la plus profonde ; elle fut inutile : le prince dut partir. Sa capacité militaire et celle du comte d'Artois, ainsi que leur influence sur les soldats, n'inspiraient qu'une confiance médiocre à eux-mêmes et aux ministres. On convint de leur adjoindre un homme du métier pour commander les troupes. Le maréchal Macdonald fut choisi.

L'impression produite à Paris par la lecture du *Moniteur* du 7 mars, annonçant le débarquement de Napoléon, fut immense ; les journaux royalistes, échos du gouvernement et de la cour, en reproduisant le lendemain les nouvelles de la feuille officielle, affectaient le calme le plus rassurant ; ils annonçaient « que Bonaparte avait inutilement sommé « la ville de Digne ; que cette cité lui avait refusé le passage « et que, ne trouvant dans les campagnes, pas plus que dans « les villes, l'empressement sur lequel il avait eu la *simplicité* « de compter, Bonaparte s'était *réfugié* sur la *crête* des mon- « tagnes. »

C'est le 8 que le *Journal des Débats,* entre autres, publiait ces nouvelles, et, ce jour-là même, Napoléon passait des revues à Grenoble ! Les journaux du lendemain 9 donnaient quelques dépêches datées précisément de cette ville,

le 4 mars. Uné d'elles était ainsi conçue : « La nouvelle du
« débarquement de Bonaparte a excité la plus vive *indigna-*
« *tion* parmi les habitants de Grenoble et des campagnes
« voisines ; les chefs de la force armée viennent de se réunir
« à l'hôtel de la préfecture ; ils y ont combiné tous les moyens
« de défense, dans le cas très improbable où le petit corps
« des *brigands de Bonaparte* songerait à se diriger sur cette
« ville. Une partie de la garnison vient de se mettre en route
« pour marcher contre lui. »

Un *post-scriptum* du *Journal des Débats* ajoutait : « Les der-
« nières nouvelles de Bonaparte sont d'hier, 7 ; à cette date,
« il était toujours à Digne, dont on lui avait refusé les
« portes. Personne ne s'était réuni à lui. Il devait dans ce
« moment être entièrement *cerné.* On a sonné le tocsin dans
« tous les villages, et les paysans se sont armés pour lui
« *courir sus.* »

Les journaux du 10 ne contenaient qu'une dépêche ainsi
conçue : « *Monsieur* est arrivé à Lyon le 8 ; S. A. R. a été
reçue avec enthousiasme. » En revanche, on y trouvait des
adresses de la cour de cassation, de la cour des comptes et
de la cour royale, adresses où les membres de ces trois cours
protestaient à l'envi « de leur fidélité et de leur amour pour
la personne sacrée de Louis XVIII et de leur horreur pour
ce grand coupable, pour cet éternel ennemi de la France et
du monde, qui venait troubler le repos de la France et de
son roi. » *Qu'espère-t-il ?* s'écriaient les trois cours. « Nous
sommes prêts à mourir pour Votre Majesté, » ajoutait la
cour de cassation. — « Vous êtes notre père, nous sommes
vos enfants, nous vous ferons un rempart de nos corps, »

disait à son tour la cour royale. Ces mêmes cours, compo-
sées des mêmes hommes, avaient fait les mêmes serments
à Napoléon quelques mois auparavant. « Qu'espèrent-ils ? »
s'écriaient-elles à cette époque, en parlant des alliés. Il y a
plus : si, le 10 mars 1815, elles maudissaient l'Empereur
dans les termes les plus violents, on devait les voir, à douze
jours de là, épuiser de nouveau, pour ce souverain, toutes
les formules de l'adulation ; puis, trois mois après, on devait
les entendre charger encore une fois Napoléon d'injures,
et, courtisans infatigables, jurer de rechef à Louis XVIII une
inviolable fidélité ! Et l'on s'étonne, après de tels faits, que
les institutions les plus saintes et les hommes en qui elles
se personnifient perdent de leur prestige dans le respect des
peuples !

Après ces adresses, venait la proclamation suivante du
maréchal Soult, ministre de la guerre :

« Soldats !

« Cet homme qui naguère abdiqua aux yeux de toute
l'Europe un pouvoir usurpé dont il avait fait un si fatal
usage, *Buonaparte*, est descendu sur le sol français **qu'il** ne
devait plus revoir.

« Que veut-il ? la guerre civile. Que cherche-t-il ? des
traîtres. Où les trouverait-il ? Serait-ce parmi les soldats qu'il
a trompés et sacrifiés tant de fois en égarant leur bravoure ?...

« Bonaparte nous méprise assez pour croire que nous pouvons abandonner un souverain légitime et bien aimé, pour partager le sort d'un homme qui n'est plus qu'un aventurier. Il le croit, l'insensé ! Son dernier acte de démence achève de le faire connaître.

« Soldats ! l'armée française est la plus brave armée de l'Europe ; elle sera aussi la plus fidèle.

« Rallions-nous autour de la bannière des lys, à la voix de ce père du peuple, de ce digne héritier des vertus du grand Henri. Il vous a tracé lui-même les devoirs que vous avez à remplir. Il met à votre tête ce prince (le comte d'Artois), modèle des chevaliers français, dont l'heureux retour dans notre patrie a déjà chassé l'usurpateur, et qui, aujourd'hui, va par sa présence détruire son seul et dernier espoir.... »

La plume tombe des mains devant ces paroles outrageantes, quand on pense que ce ministre est le même maréchal qui, onze mois auparavant, vouait à l'exécration publique et à la mort « les hommes assez ennemis de la France pour douter du triomphe du grand et invincible empereur, » et qui devait accepter, à quelques semaines de là, les fonctions de major-général de l'armée de Napoléon !.....

L'odieuse proclamation du maréchal Soult avait été précédée d'une ordonnance royale, en date du 6 mars, affichée dans toutes les communes. Elle prescrivait à tout citoyen de *courir sus* à Napoléon, comme sur une bête fauve, de le prendre mort ou vif, et, si on le prenait vivant, de le traduire, avec ses compagnons, devant une commission militaire qui le ferait immédiatement fusiller.

Les journaux du lendemain 11 ne publiaient que des dépêches insignifiantes ; ils se bornaient à dire : que « le comte d'Artois continuait à recueillir des habitants de Lyon des témoignages éclatants de dévouement et de fidélité. » Le jour suivant, 12, on lisait : « Le bruit est généralement répandu que le duc d'Orléans, à la tête de 20,000 hommes, a repoussé Bonaparte au delà de Bourgoin. »

A la même heure, au même moment où la foule, répandue dans tous les lieux publics de Paris, apprenait cette nouvelle, le duc d'Orléans et le comte d'Artois, partis de Lyon depuis deux jours, rentraient dans Paris en fugitifs.

Ces princes étaient arrivés à Lyon le 8. Deux régiments, le 24e de ligne et le 13e de dragons, formaient la garnison de cette ville. On fit venir en toute hâte de Monbtrison le 20e de ligne ; la garde nationale fut convoquée ; un corps assez nombreux de gardes nationaux à cheval se forma. Des visites aux différentes casernes, des revues remplirent la journée du 9 ; on distribua quelque argent aux soldats ; les officiers reçurent les plus magnifiques promesses. Vains efforts ! l'attitude de la troupe était contrainte, silencieuse ; la garde nationale à pied se montrait elle-même sans enthousiasme ; seuls, les gardes nationaux à cheval déployaient une grande chaleur de dévouement.

Le maréchal Macdonald arriva le 10 au matin, pendant

que le frère de Louis XVIII et le premier prince du sang
passaient une nouvelle revue, place Bellecour ; toutes les
troupes se trouvaient en ce moment devant les princes : les
soldats, dans cette revue, s'étaient montrés encore plus froids
que la veille; quelques incidents du plus fâcheux augure venaient même de se produire. En passant devant le front du
13ᵉ dragons, le comte d'Artois ayant aperçu un sous-officier,
décoré de plusieurs chevrons, s'était approché et lui avait
dit : « Allons, mon ami, crie *Vive le Roi !* — Non, monsieur,
cela n'est pas possible, avait répondu le dragon ; si je criais
quelque chose, ce serait *Vive l'Empereur!* »

Le maréchal parut sur la place au moment où les princes,
découragés, inquiets même pour leur sûreté personnelle,
concertaient déjà leur départ. Il combattit cette résolution,
donna aux troupes l'ordre de se rapprocher du Rhône et de
couper les deux ponts. Les troupes obéirent. Mais quand les
sapeurs voulurent se mettre à l'œuvre, douze à quinze mille
ouvriers qui, depuis le matin, n'avaient pas cessé d'entourer
les soldats, déclarèrent qu'ils ne souffriraient pas qu'on don-
nât un seul coup de hache. On dut se borner à renforcer les
barricades et à faire prendre position à deux bataillons chargés de les protéger. Ces bataillons n'avaient pas encore ac-
compli leur mouvement, lorsque des hussards du 4ᵉ, for-
mant l'avant-garde des troupes de Grenoble, précédés par
un groupe assez nombreux d'officiers à demi-solde, et ac-
compagnés ou suivis de toute la population de la Guillotière,
parurent de l'autre côté du fleuve. Cette foule poussait des
cris éclatants de *Vive l'Empereur !* Ces cris sont bientôt
répétés par les masses d'ouvriers réunis sur les quais du

côté de la ville. Sur chaque rive du fleuve les chapeaux s'agitent, les acclamations se répondent ; enfin on crie : *aux barricades !* Les hussards lancent leurs chevaux ; les dragons, obéissant à la même impulsion, se portent également sur les ponts ; les fantassins suivent ; les barricades sont attaquées des deux côtés ; on les renverse, on jette dans le Rhône les arbres et les poutres dont elles sont formées ; au bout de quelques instants les deux troupes se mêlent et s'embrassent. Lyon est aux troupes impériales.

Le maréchal Macdonald, témoin impuissant de cette scène, se sauva de toute la vitesse de son cheval. Une heure auparavant, aux premiers cris de *Vive l'Empereur !* poussés à l'avant-garde de la colonne impériale, les deux princes s'étaient enfuis par la route de Moulins. De tous les gardes nationaux à cheval, qui juraient le matin de se faire tuer pour leur cause, un seul eut le courage de les accompagner. Il fut récompensé de sa fidélité ; le lendemain, l'Empereur le décora de la Légion d'honneur.

A cinq heures du soir, les régiments de Lyon franchirent les ponts, et, traversant le faubourg de la Guillotière, se précipitèrent au devant de Napoléon. A sept heures, l'Empereur, précédé seulement de quelques cavaliers, entra dans la grande cité aux acclamations de 100,000 voix. Les ponts, les quais, les rues étaient encombrés d'hommes, de vieillards, de femmes et d'enfants accourus de tous les points de la ville, des bourgs et des villages voisins, et qui se jetaient jusque sous les pieds des chevaux pour voir Napoléon de plus près, pour l'entendre, pour toucher ses vêtements.

C'était un véritable délire. Toute distinction de rangs avait disparu ; maîtres et ouvriers, hommes du peuple et bourgeois, se pressaient les mains, s'embrassaient, et, bras dessus bras dessous, allaient, venaient, poussaient les mêmes cris, et s'abandonnaient aux démonstrations de la joie la plus vive.

Napoléon confia la garde de sa demeure et de sa personne à l'infanterie de la garde nationale. Les gardes nationaux à cheval offrirent leurs services. « Nos institutions, répondit l'Empereur, ne reconnaissent point de garde nationale à cheval ; vous vous êtes si mal conduits, d'ailleurs, avec le comte d'Artois, que je ne veux point de vous. »

L'Empereur passa les journées du 11 et du 12 mars à Lyon. Il reçut, comme à Grenoble, toutes les autorités, tous les corps constitués. Ce fut dans le chef-lieu du Rhône qu'il reprit l'exercice du pouvoir souverain. Maître de la seconde ville de l'empire, et de huit à dix régiments; salué une seconde fois empereur par toutes les populations qu'il venait de traverser, il tenait la cause des Bourbons pour une cause perdue; leur règne était fini; le sien devait recommencer. Plusieurs décrets signalèrent sa prise de possession du commandement suprême.

Le premier annulait tous les changements opérés dans les cours et tribunaux, et rétablissait dans leurs fonctions les membres qui en avaient été injustement éliminés. Le deuxième ordonnait à tous les généraux et officiers de terre et de mer, introduits dans l'armée depuis le 1er mai 1814 et qui

avaient émigré, ou qui avaient quitté le service en 1792,
de cesser sur-le-champ leurs fonctions, et de quitter les mar-
ques de leurs grades. Le troisième abolissait la cocarde
blanche, la décoration du Lys, les ordres de Saint-Louis, du
Saint-Esprit et de Saint-Michel, et déclarait la cocarde tricolore cocarde nationale. Le quatrième rétablissait la garde
impériale, et supprimait tous les corps étrangers, ainsi que
la maison du roi, gardes du corps, mousquetaires, chevau-
légers, etc. Le cinquième plaçait sous le séquestre tous les
biens appartenant aux princes de la maison de Bourbon,
ainsi que toutes les anciennes propriétés d'émigrés dont la
Restauration avait dépouillé la Légion d'honneur, les hos-
pices, les communes et la caisse d'amortissement. Le sixième
abolissait les titres féodaux. Le septième ordonnait à tous
les émigrés non rayés ou amnistiés par l'Empire et rentrés
en France depuis le 1er avril 1814, de sortir sur-le-champ du
territoire. Le huitième annulait toutes les promotions faites
par les Bourbons dans l'ordre de la Légion d'honneur, sauf
à maintenir celles que des services réels justifieraient. Enfin,
le neuvième déclarait dissoutes les deux Chambres des pairs
et des députés, et ordonnait la réunion, à Paris, dans le
cours du mois de mai suivant, sous le titre d'*Assemblée
extraordinaire du champ de Mai*, des collèges électoraux
des départements de l'Empire, « afin, disait le décret, de pren-
« dre des mesures convenables pour corriger et modifier nos
« constitutions, selon l'intérêt et la volonté de la nation, et
« pour assister au couronnement de l'Impératrice et du roi
« de Rome.... »

CHAPITRE VI

MARCHE DE L'EMPEREUR SUR PARIS.— FUITE DE LOUIS XVIII.

Dans la matinée du 13 l'Empereur quitta Lyon et, à trois heures, il entrait à Villefranche, petite ville de 4,000 âmes, qui en renfermait alors plus de 60,000. A sept heures du soir il arriva à Mâcon, précédé et suivi de toute la population des campagnes voisines. Sur toute cette route les habitants d'un canton ne le quittaient qu'après l'avoir laissé aux mains des habitants du canton qu'il allait traverser. Il témoigna aux Mâconnais son étonnement du peu de résistance qu'ils avaient opposée l'année précédente aux efforts de l'ennemi. « Sire, lui dirent les habitants, pourquoi nous aviez-vous donné pour autorités des gens sans courage ou d'anciens émigrés ? »

Voici en quels termes M. Fleury de Chaboulon, qui avait rejoint l'Empereur à Lyon, raconte cet incident dans ses Mémoires :

« Il n'avait plus besoin, comme à Grenoble et à Lyon, d'attendre aux portes des villes; les magistrats accouraient à sa rencontre et se disputaient l'honneur de lui présenter

5

les premiers leurs hommages et leurs vœux. L'un des ad-
joints du maire de Mâcon lui déclama un long amphigouri
qui nous amusa beaucoup. Quand il eut fini, l'Empereur lui
dit : « Vous avez donc été bien étonnés d'apprendre mon
« débarquement? — Ah! parbleu oui, répondit l'orateur.
« Quand j'ai su que vous aviez débarqué, je disais à tout le
« monde : il faut que cette homme-là soit fou; il n'en ré-
« chappera pas. » Napoléon ne put s'empêcher de rire de
« cette naïveté. — Je sais, dit-il en souriant, que vous êtes
« un peu sujets à vous effrayer; vous me l'avez prouvé dans
« la dernière campagne; vous auriez dû vous conduire
« comme l'ont fait les Châlonnais ; vous n'avez point sou-
« tenu l'honneur des Bourguignons. — Ce n'est point notre
« faute, Sire, reprit un des assistants; nous étions mal
« dirigés; vous nous aviez donné un mauvais maire. — Cela
« est possible; nous avons tous fait des sottises; il faut les
« oublier. Le bonheur et le salut de la France, voilà désor-
« mais le seul objet dont nous devons nous occuper. » Il
les congédia amicalement.

A Tournus, où l'Empereur arriva vers le milieu de la journée du lendemain, et à Châlons-sur-Saône où il coucha, il
combla en revanche les habitants d'éloges. Ces deux villes
avaient glorieusement résisté à l'invasion; Châlons, place
ouverte et sans garnison, avait défendu pendant quarante
jours le passage de la Saône. Il y reçut une députation de
Saint-Jean-de-Losnes. Cette petite ville avait également
opposé aux Autrichiens la résistance la plus énergique.
« Je ne puis me rendre chez vous, dit-il aux membres de la
« députation; je le regrette : dites à votre digne maire que

« je lui donne la croix ; car c'est pour vous, braves gens,
« que j'ai institué la Légion d'honneur, et non pour les
« émigrés, pensionnés par nos ennemis. » Le 15, il vint coucher à Arnay-le-Duc, et le 16 à Avallon.

L'enthousiasme du peuple des villes et des gens de la
campagne ne faiblissait pas. Partout on se portait à sa rencontre, on le saluait comme le vengeur de l'honneur national, comme le protecteur des intérêts et des droits conquis
par la Révolution. On se plaignait à lui de l'insolence des
fonctionnaires du nouveau gouvernement. Les habitants
d'un petit village de l'arrondissement de Semur vinrent
sur la route lui dénoncer un jeune royaliste, leur sous-pré-
fet, qui ne leur pardonnait pas d'avoir osé résister aux
alliés, et d'en avoir tué, sur les chemins et dans les bois, un
assez bon nombre. Napoléon ordonna à un brigadier de
gendarmerie d'aller enlever ce *freluquet* et de le déposer
dans la maison d'arrêt d'Avallon.

Le 17, l'Empereur arriva à Auxerre, où il séjourna. Ses
forces, grossies par différents régiments accourus des gar-
nisons voisines au-devant de lui, s'élevaient en ce moment
à quatre divisions. D'Auxerre à Fossard, dans une distance
de près de vingt-cinq lieues, la route côtoie l'Yonne. Napoléon, pour alléger la fatigue des soldats et pour accélérer
leur marche, fit embarquer les troupes. Il restait pour ainsi
dire sans escorte. Que lui importait ? il pouvait continuer à
avancer sans crainte ; quel que fût le régiment qu'il dût
rencontrer, c'était un renfort qui lui arrivait. Ce qui se
se passa à Montereau en fut un singulier exemple. Plusieurs

détachements de la maison du roi, des gardes-du-corps entre autres, avaient été chargés de garder les ponts de cette ville. Le 6ᵉ lanciers, posté sur la route, éclairait les approches. Lorsque les soldats de ce régiment apprirent que l'Empereur n'était plus qu'à quelques lieues, ils tournèrent bride tout à coup, et, sans l'ordre d'aucun chef, sans autre inspiration que l'inctinct militaire et le dévouement, ils chargèrent les gardes-du-corps, les obligèrent de prendre la fuite et s'établirent sur cette importante position. Telle était, au reste, la sécurité de l'Empereur que, lors du départ des troupes d'Auxerre, il avait transmis l'ordre suivant au général commandant l'avant-garde :

« Général Girard, on m'assure que vos troupes, connaissant le décret du 6 (qui ordonnait de tuer l'Empereur), ont résolu, par représailles, de faire main-basse sur les royalistes qu'elles pourraient rencontrer. Vous ne rencontrerez que des Français ; je vous défends de tirer un *seul* coup de fusil. Calmez vos soldats, démentez les bruits qui les exaspèrent ; dites-leur que je ne voudrais pas entrer dans ma capitale à leur tête, si leurs armes étaient souillées de sang français. »

Les Bourbons et leurs ministres tenaient un autre langage ; il n'était pas un seul de leurs ordres qui ne portât la mort au bout.

C'est à Auxerre que le prince de la Moskowa rejoignit l'Empereur. Le maréchal Ney se trouvait en Normandie lorsque la nouvelle du débarquement de l'île d'Elbe était arrivée aux Tuileries. Louis XVIII le fit appeler pour lui confier le commandement du petit corps d'armée réuni à Besançon. Ney promit au roi d'arrêter Napoléon, et, dit-on, de le lui amener dans une cage de fer. Le maréchal était de bonne foi, mais il ne put résister à l'entraînement des troupes. Obligé, par le soulèvement de ses soldats, de les abandonner ou de les conduire à l'Empereur, il prit ce dernier parti. Arrivé le soir à Auxerre, il fit demander, par le comte Bertrand, à l'Empereur la permission de justifier, par écrit, la conduite qu'il avait tenue avant et depuis les événements de Fontainebleau. — « Qu'ai-je besoin de justification? répondit Napoléon. Dites-lui que je l'aime toujours et que je l'embrasserai demain. »

« Embrassez-moi, mon cher maréchal, dit Napoléon, le lendemain, en apercevant le prince de la Moskowa; je suis bien aise de vous revoir; je n'ai pas besoin d'explication ni de justification; je vous ai toujours honoré et estimé comme le *brave des braves*. — Sire, les journaux ont avancé une foule de mensonges que je voulais détruire; ma conduite a toujours été celle d'un bon soldat, d'un bon Français. — Je le sais, dit Napoléon; aussi n'ai-je point douté de votre dévouement, de votre patriotisme.

« C'est aussi le patriotisme qui me ramène. J'ai su que la France était malheureuse, et je suis venu pour la délivrer des émigrés et des Bourbons. Je lui rendrai tout ce qu'elle attend de moi. »

L'Empereur, après avoir engagé le [maréchal à écrire à Paris pour que les patriotes s'abstinssent de toute collision, le congédia en lui disant : « Il faut que notre triomphe soit pur comme la cause que nous servons. »

Le lendemain 19, l'Empereur, sans autre escorte que trois aides de camp et quelques lanciers polonais, traversait Joigny et s'arrêtait à Sens. Le 20, à quatre heures du matin, il arrivait à Fontainebleau. Il y avait onze mois, jour pour jour, qu'il avait quitté cette résidence.

Pendant la marche triomphale de ce redoutable adversaire, le roi et ses ministres ne savaient qu'imaginer pour se concilier l'armée, reconquérir la confiance de la population, s'entourer de fonctionnaires dévoués et réunir des forces suffisantes pour arrêter celui qu'on s'obstinait encore à considérer comme un aventurier.

Mais tandis que Louis XVIII demandait à ces mesures tardives le maintien de son trône et la conservation de sa couronne, le télégraphe apprenait à ce prince que, soulevant les départements au seul bruit de ses pas, entraînant les populations après lui, l'Empereur poursuivait ses succès, escorté par les soldats chargés de lui barrer le passage. En voyant le peuple lui échapper dans les villes, dans les campagnes comme dans l'armée, le Roi voulut du moins rattacher à sa cause les classes qui avaient accueilli avec le plus de faveur son avénement. Les atteintes nombreuses portées aux principes posés dans la Charte et le langage imprudent des princes de sa famille avaient surtout éloigné ces classes de son gouvernement. Il crut qu'il était encore temps de réparer le mal, et se résolut à une démarche éclatante.

Le 15 mars, le Roi fit dire aux Chambres que, le lendemain, il se rendrait au milieu d'elles. Un vif sentiment d'intérêt et de curiosité régnait dans tout le public officiel, lorsque le 16, à trois heures de l'après-midi, accompagné des membres de sa famille, entouré par les grands officiers de sa maison et par les ministres, suivi d'un nombreux cortége de maréchaux et de généraux de tous les régimes et de toutes les dates, Louis XVIII parut dans la salle du Palais Bourbon. Un trône lui avait été préparé, il y prit place, et prononça un discours fort bien pensé et fort bien dit, qui fut accueilli par les plus vifs applaudissements.

Ce discours se terminait ainsi :

« Je ne crains rien pour moi, mais je crains pour la France. Celui qui vient allumer parmi nous les torches de la guerre civile y apporte aussi le fléau de la guerre étrangère ; il vient remettre notre patrie sous son joug de fer ; il vient enfin détruire cette Charte constitutionnelle que je vous ai donnée ; cette Charte, mon plus beau titre aux yeux de la postérité ; cette Charte que tous les Français chérissent, et que je jure ici de maintenir.

« Rallions-nous donc autour d'elle ! qu'elle soit notre étendard sacré ! Les descendants de Henri IV s'y rangeront les premiers : ils seront suivis de tous les bons Français. »

Le plus grand nombre des pairs et des députés se levèrent, et, debout, les mains étendues vers le monarque, poussèrent des acclamations passionnées. On n'entendait que les cris de : *Vive le roi ! Mourir pour le roi ! Le roi à la vie et à la mort !* Promesses vaines et qui ne devaient pas survivre à l'émotion qui les avaient produites.

Ces serments et cette scène venaient trop tard : Un mois plus tôt ils auraient peut-être rallié aux Bourbons, non le peuple ni les soldats, du moins une partie de la bourgeoisie. Mais le 16 mars, alors que Napoléon était à quarante lieues de Paris, que pouvaient ces engagements tardifs ? On ne vit dans les paroles prononcées par le Roi qu'un cri de détresse. L'élan, d'ailleurs, était donné : les soldats entraînaient leurs officiers et les généraux ; le peuple des villes et des campagnes emportait les classes moyennes ainsi que les autorités de tous les ordres ; aucune force ne pouvait plus arrêter le torrent populaire ; le mouvement révolutionnaire qui poussait encore une fois les Bourbons hors du territoire était irrésistible.

La Cour, pourtant, attendait beaucoup de cette démarche ; elle comptait qu'elle produirait surtout un grand effet sur la garde nationale de Paris. Il n'en fut rien. Les légions, réunies sur la place Vendôme, au boulevard Bondy, sur la place Royale et dans le jardin du Luxembourg, furent passées en revue par le comte d'Artois. Les cris furent nombreux et retentissants ; il y eut partout les signes du plus grand enthousiasme ; mais c'est à peine s'il sortit des rangs assez de volontaires pour former deux compagnies.

La soirée du 16 et la journée du 17 se passèrent en manifestations tumultueuses. Des groupes nombreux parcouraient les principales rues en poussant les cris de : *Vive le roi! A bas le tyran!* Sur les places on voyait se succéder des détachements de volontaires qui, précédés de drapeaux blancs et ayant pour uniforme des chapeaux à la Henri IV, surmontés d'un panache blanc, allaient, à grand bruit, chercher des armes ou prendre position sur les routes de Melun et de Fontainebleau, promettant la capture de Bonaparte et de sa bande. Le dévouement débordait : généraux, simples officiers, préfets, corps municipaux, corps judiciaires, l'inoffensive milice de l'Université elle-même, en un mot tout ce qui tenait au budget, jurait de se lever et de combattre, et mettait « sa fortune et sa vie aux pieds d'un maître adoré ! »

Le lendemain, 18, à la suite d'un long article rempli d'invectives contre l'Empereur et qui se terminait par ce cri, promesse de tous les gouvernements qui arrivent, recours suprême de tous les pouvoirs qui tombent : *Vive la Patrie! Vive la liberté!* les journaux publièrent la dépêche suivante, au moment où l'Empereur approchait de Fontainebleau :

« La désertion continue d'une manière *étonnante* dans la petite troupe de Buonaparte, particulièrement dans la cavalerie, dont il paraît qu'il ne lui reste plus que trois ou quatre cents hommes. Si l'on en croit les bruits répandus ce matin, le général Marchand serait rentré dans Grenoble et l'aurait remise, aux acclamations unanimes des habitants, sous l'autorité du Roi. D'autres bruits donnent lieu de penser que Lyon a de même secoué le joug de l'autorité momentanée de Buonaparte ; les uns disent par un mouvement

spontané des habitants, d'autres par suite de l'entrée d'un
corps de troupes sous les ordres du maréchal Ney. »

A la même heure où la censure et la police faisaient
publier dans les journaux ou afficher sur tous les murs de
Paris ces étranges nouvelles, les gardes-du-corps, que le
6e lanciers avait chassés de Montereau, et qu'un régiment
de cuirassiers, détaché à Melun, avait à son tour poursuivis
jusque dans la forêt de Sénart, rentraient aux Tuileries,
annonçant que l'Empereur avait dépassé Sens dès la veille.
Des officiers envoyés du camp formé à Villejuif, sous les
ordres du duc de Berri, apprirent en même temps à M. de
Blacas que les soldats changeaient ostensiblement leur
cocarde et se disposaient à se mettre en marche, non pour
combattre, mais pour rejoindre Napoléon. Ces nouvelles
furent pour le favori un véritable coup de massue. Frappé
d'épouvante, il s'empressa de les porter au Roi et de lui
conseiller de s'enfuir.....

Le matin du 19, Louis XVIII n'avait pas la moindre
pensée de quitter Paris..... Mais lorsque le favori lui
eut rendu compte des nouvelles qu'il venait de recevoir;
quand elles lui furent confirmées par le ministre de la
guerre qui, après avoir annoncé, la veille, que tout était
sauvé, confessa que tout était perdu, Louis XVIII prit la
résolution de se retirer à Lille. Le duc d'Orléans, que l'on
redoutait de laisser à Paris, avait été envoyé dans cette
place forte aussitôt son retour de Lyon : en outre, les habitants de Lille affectaient le plus ardent royalisme, et cette
ville, par sa proximité des ports de la Manche et de la

frontière belge, était une porte tout ouverte à une seconde
émigration. On sait que, ne trouvant en France aucune
sécurité, le malheureux roi fut obligé de se réfugier à Gand.

La résolution de Louis XVIII resta plusieurs heures
sans être ébruitée. Ce fut seulement à neuf heures du
soir que le mot d'ordre donné à la garde nationale de
service aux Tuileries informa que le départ du roi aurait
lieu à minuit. Vers dix heures du soir, un mouvement
inaccoutumé se fit remarquer dans les appartements de la
famille royale; à minuit, plusieurs voitures de voyage vinrent se ranger auprès de l'escalier du pavillon de Flore. Les
gardes nationaux, un grand nombre de gardes-du-corps et
d'employés du château, à cette vue, se précipitèrent vers
l'escalier de sortie et encombrèrent bientôt les paliers et les
vestibules. Après quelques instants d'une attente silencieuse, la porte des appartements intérieurs s'ouvrit et
laissa paraître Louis XVIII qui, infirme et souffrant,
appuyé sur les bras du comte de Blacas et du duc de Duras,
et précédé d'un huissier portant deux flambeaux, descendit
lentement vers la cour, en jetant ces mots aux groupes qui
se pressaient sur son passage : « Je vous remercie, mes
« enfants; votre attachement me touche; mais j'ai besoin
« de repos, je vous reverrai ! » Le temps était affreux;
la violence du vent éteignait les lumières; la pluie tom-
bait par torrents. Le roi ne voulut point d'escorte. Il était
minuit un quart lorsqu'il sortit de la cour des Tuileries,
seul, fuyant de toute la vitesse de ses chevaux vers la
frontière du Nord, sous la double protection de la tempête
et des ténèbres, sans qu'un seul des milliers de généraux,

de fonctionnaires, de volontaires et de courtisans, qui juraient depuis trois semaines de mourir sur les marches de son trône, eût essayé même de tirer l'épée pour le défendre! Par un soin dont il faut uniquement accuser M. de Blacas, le Roi, dans sa fuite, emportait une propriété publique; les joyaux et les diamants de la couronne.

Une heure après, le comte d'Artois et le duc de Berri, son fils, prenaient à leur tour la route de Flandre, tandis que le baron de Vitrolles, qui avait d'abord dû les suivre, partait pour le Midi, chargé de tous les pouvoirs du roi. Dans la nuit, tous les ministres et les personnages ou les hauts fonctionnaires les plus compromis quittèrent également Paris.....

Il était à peu près dix heures du matin quand la foule commença à envahir la place du Carrousel et les rues voisines. Toutes les grilles de la cour des Tuileries et du jardin étaient fermées; la garde nationale occupait à l'intérieur les postes et les portes. Cette fermeture, le silence que l'on pouvait remarquer dans toutes les parties du palais, confirmèrent les soupçons da la foule : plus de doute, les Bourbons s'étaient enfuis! Des cris de *Vive l'Empereur*! se firent alors entendre sur tous les points; quelques groupes, plus animés, essayèrent bientôt d'ouvrir les grilles; ils voulaient, disaient-ils, occuper les Tuileries pour l'Empereur. La garde nationale résista. Les grilles, fortement ébranlées à l'extérieur, défièrent les efforts des assaillants; des deux côtés on en était venu aux injures et aux menaces, et l'irritation, ainsi que la colère de la foule, prenait un caractère inquiétant, lorsque, vers midi, un bruit grondant dans le lointain et qui ne cessait de se rapprocher vint détourner l'attention de tous les groupes.

La veille au soir la plus grande partie des troupes réunies au camp de Villejuif ou dans l'intérieur de la capitale avaient reçu l'ordre de se replier sur Saint-Denis. Ce mouvement rétrograde les avait irritées; elles voulaient aller rejoindre l'Empereur. Arrivés dans la matinée à leur nouvelle destination, les soldats se réunirent en tumulte, déclarant qu'ils n'iraient pas plus loin. Le général Maison, commandant légal des forces placées sur ce point, voulut intervenir. Non seulement ses ordres ne furent pas écoutés, mais quelques mots qu'il prononça devinrent le signal d'une révolte sérieuse : on envahit sa demeure, ses appartements furent forcés; il n'eut que le temps de se jeter sur le cheval d'un lancier pour échapper à la colère des soldats. Les ordres récents du gouvernement royal avaient, en outre, assemblé à Saint-Denis un grand nombre d'officiers à demi-solde. Durant le tumulte, ces officiers, appelant à eux une batterie d'artillerie, une compagnie d'infanterie et quelques détachements de cuirassiers, s'étaient mis en marche pour Paris. Ils rencontrèrent, en entrant dans le faubourg, le général Excelmans qui, revêtu de son uniforme et la cocarde tricolore au chapeau, revenait de Saint-Denis où il s'était rendu pour soulever les troupes et les ramener à Paris.

La présence du général termina la querelle. Il se fit ouvrir les grilles et s'installa au château. Peu d'instants après,

le drapeau blanc était enlevé et la foule saluait de ses
hourras et de ses applaudissements un immense drapeau
tricolore arboré sur le pavillon de l'Horloge.

Tant que dura le jour, cette foule, où se pressaient surtout
les classes laborieuses, se maintint compacte et enthousiaste
dans la cour du Palais et sur la place du Carrousel. Vers le
soir, le plus grand nombre, fatigué d'attendre, se retira ; la
nuit venue, il ne restait plus guère que des soldats, des officiers, avides de saluer les premiers le général, leur idole.
Enfin, à huit heures, un grand bruit de chevaux et de voitures, arrivant du côté du quai, annonça l'approche de Napoléon, qui venait de franchir deux cent trente lieues en
vingt jours, et sans que ses 900 soldats eussent tiré un seul
coup de fusil.

L'Empereur était parti de bonne heure de Fontainebleau :
mais il n'avait pu avancer que lentement à travers les masses
profondes de villageois qui, accourus de plusieurs lieues à
la ronde, au seul bruit de son prochain passage, couvraient
la route et le saluaient de leurs acclamations. Il était nuit
quand il put enfin entrer aux Tuileries. Sa voiture. précédée par un groupe nombreux de généraux qui s'étaient
portés à sa rencontre, n'avait pour escorte qu'une centaine
de cavaliers de tous les corps; elle ne put franchir qu'à
grand'peine le guichet de la cour, tant étaient compactes les
groupes qui se précipitaient au devant des chevaux. L'Empereur, saisi, enlevé par cent bras qui se disputaient l'honneur de l'aider à descendre, fut littéralement porté jusqu'à
l'intérieur du palais; ses pieds ne touchèrent point la terre.

Louis XVIII avait quitté les Tuileries à la lueur des flambeaux ; ce fut également à la lueur des flambeaux que Napoléon y rentra.

Profondément ému d'un pareil accueil, Napoléon, pour la première fois de sa vie, dit M. Thiers, laissa échapper des larmes, et, quand ceux qui le portaient l'eurent déposé à l'entrée des appartements, il marcha devant lui sans reconnaître personne, abandonnant ses mains à ceux qui les serraient, les baisaient, les meurtrissaient de leurs énergiques témoignages.

Ayant repris son calme, il reconnut ses plus fidèles serviteurs et les embrassa avec effusion ; puis, sans prendre un moment de repos, il s'enferma avec eux pour composer un gouvernement.

Son ministère fut formé de ces hommes éminents que leur expérience et leur capacité recommandaient à la confiance du pays : Cambacérès à la justice, Carnot à l'intérieur, le maréchal Davout à la guerre, Decrès à la marine, Caulincourt aux affaires étrangères, Gaudin aux finances, Molieu au trésor et Bassano à la secrétairerie d'Etat. Le seul choix regrettable fut celui de Fouché à la police ; mais Napoléon s'était dit qu'il valait mieux avoir ce traître sous sa main que de le laisser libre de recommencer ses intrigues.

Ainsi s'acheva cette mémorable journée du 20 mars, commencée dans la forêt de Fontainebleau et terminée à Paris au milieu des acclamations nationales.

Après avoir emprunté à M. Thiers et à M. de Vaulabelle

le récit de la rentrée de Napoléon en France, ouvrons les *Mémoires* de CHATEAUBRIAND (6e volume).

Il ne faut que deux pages au grand écrivain de la Restauration pour retracer cette merveilleuse épopée :

« Une nuit, entre le 25 et le 26 février, au sortir d'un bal dont la princesse Borghèse faisait les honneurs, IL s'évade avec la victoire, longtemps sa complice et sa camarade ; il franchit une mer couverte de nos flottes, rencontre deux frégates, un vaisseau de 74 et le brick de guerre le *Zéphir* qui l'accoste et l'interroge. Il répond lui-même aux questions du capitaine : la mer et les flots le saluent. Il poursuit sa course. Le tillac de l'*Inconstant*, son petit navire, lui sert de promenoir et de cabinet ; il dicte au milieu des vents et fait copier sur cette table agitée ses proclamations *à l'armée et à la France*. Quelques felouques, chargées de ses compagnons d'aventure, portent autour de sa barque amirale pavillon blanc semé d'étoiles. Le 1er mars, à trois heures du matin, il aborde la côte de France entre Cannes et Antibes, dans le golfe Juan. Il descend, parcourt la rive, cueille des violettes et bivouaque dans une plantation d'oliviers. La population stupide se retire. Il manque Antibes et se jette dans les montagnes de Grasse, traverse Séranon, Barême, Digne, Gap. A Sisteron, vingt hommes le peuvent arrêter et il ne trouve personne. Il s'avance sans obstacle... Dans le vide qui se forme autour de son ombre gigantesque, s'il entre quelques soldats, ils sont invinciblement entraînés par l'attraction de ses aigles. Ses ennemis, fascinés, le cherchent et ne le voient pas. Il se cache dans sa gloire, comme le lion du Sahara se cache dans les rayons du soleil pour se dérober aux regards des chasseurs éblouis. Enveloppés dans une trombe ardente, les fantômes sanglants d'Arcole, de Marengo, d'Austerlitz, d'Iéna, de Friedland, d'Eylau, de la Moscowa, de Lutzen, de Bautzen, lui font cortége avec un million de morts. Du sein de cette colonne de feu et de nuée sortent, à l'entrée des villes, quelques coups de trompette mêlés aux signaux du *Labarum* tricolore, et les portes des villes tombent. Lorsque Napoléon passa le Niémen, à la tête de quatre cent mille fantassins et de cent mille chevaux pour faire sauter le palais des czars à Moscou, il fut moins étonnant que lorsque, rompant son ban, jetant ses fers au visage des rois, il vint seul, de Cannes à Paris, coucher paisiblement aux Tuileries.»

Pour arrêter le géant dans sa marche, qu'imagina le gouvernement des Bourbons? Châteaubriand va nous le dire dans ce style coloré et incisif qui n'appartient qu'à lui :

« La grande mesure décrétée contre Bonaparte fut un ordre de *courir sus*. Louis XVIII, sans jambes, *courir sus* le conquérant qui enjambait la terre ! Cette formule des anciennes lois, renouvelée à cette occasion, suffit pour montrer la portée d'esprit des hommes d'Etat de cette époque. *Courir sus*, en 1815! *Courir sus !* et *sus* quoi? *sus* un loup? *sus* un chef de brigands ? *sus* un seigneur félon ? Non : *sus* Napoléon, qui avait *couru sus* les rois, les avait saisis et marqués pour jamais à l'épaule de son N ineffaçable ! »

CHAPITRE VII

LES CENT JOURS. — WATERLOO. — LES CHAMBRES.
LE PRINCE IMPÉRIAL.

Le lendemain, 21, après quelques heures de repos, Napoléon recommença cette active correspondance au moyen de laquelle il faisait mouvoir si puissamment les ressorts de l'Etat. Tout était à reconstituer : l'administration, les finances aussi bien que l'armée. Pour suffire à cette immense tâche, il fallut à Napoléon cette activité infatigable et ce prodigieux génie qui ne se rencontrèrent jamais au même degré dans aucun homme. L'armée comptait à peine 170,000 soldats sous les drapeaux, et il en fallait 660,000 pour tenir tête à la coalition ! Les fusils, les canons, les chevaux, les équipements, les munitions, les moyens de transport, tout manquait. Deux mois suffirent à l'Empereur pour créer et approvisionner cette armée de héros, qui vainquit les Prussiens à Ligny et qui, sans la trahison de Bourmont et l'incapacité de Grouchy, aurait écrasé les Anglais à Waterloo, et, par cette double victoire, imposé la paix à l'Europe.

« A sa rentrée triomphante de l'île d'Elbe, dit un républicain, Napoléon trouva notre trésor à sec, nos arsenaux vides, notre armée désorganisée et réduite à rien ; la plupart de nos ateliers fermés et nos ouvriers inoccupés.

« Dès le lendemain, l'armée se réorganisait, les arsenaux se remplissaient, 40 millions étaient mis à la disposition de l'industrie pour la ranimer, le travail reprenait avec cette fiévreuse activité que Napoléon communiquait à tout, et les ouvriers se disaient entre eux : « On voit bien que le *grand entrepreneur* est revenu ! »

Les préparatifs de guerre n'absorbaient pas toute la sollicitude de l'Empereur. Pour répondre à l'attente des libéraux et tenir les promesses qu'il leur avait faites en rentrant en France, il fallait réunir les Chambres ainsi que les électeurs des assemblées primaires ; il fallait, surtout, réviser les anciennes constitutions de l'Empire et les accomoder aux exigences de l'esprit du temps. Il se fit aider dans cette dernière tâche par le célèbre Benjamin Constant, qui jusqu'alors n'avait cessé de lui faire la plus vive opposition. La conversation de l'Empereur avec le chef du parti libéral a été conservée par ce dernier ; elle mérite d'être rapportée :

« La nation, disait Napoléon à Benjamin Constant, veut ou croit vouloir une tribune et des Assemblées. Elle ne les a pas toujours voulues. Elle s'est jetée à mes pieds quand je suis arrivé au gouvernement. Vous devez vous en souvenir, vous qui essayâtes de l'opposition. Où était votre appui, votre force ? Nulle part. J'ai pris moins d'autorité qu'on ne m'invitait à en prendre... Aujourd'hui, tout est changé. Un gouvernement faible, contraire aux intérêts nationaux, a donné à ces intérêts l'habitude d'être en défense et de chicaner l'autorité. Le goût des constitutions, des débats, des harangues paraît revenu... Cependant, ce n'est que la *minorité* qui les veut, ne vous y trompez pas. Le peuple ou, si vous l'aimez mieux, la multitude, ne veut que moi. Vous ne l'avez pas vue, cette multitude, se pressant sur mes pas, se précipitant du haut des montagnes, m'appelant, me cherchant, me saluant! De Cannes ici je n'ai pas conquis, j'ai administré.....

« Je ne suis pas seulement, comme on l'a dit, l'empereur des soldats, je suis celui des paysans, des plébéiens de la France... Aussi, malgré tout le passé, vous voyez le peuple revenir à moi. Il y a sympathie entre nous. Ce n'est pas comme avec les privilégiés. La noblesse m'a servi, elle s'est lancée dans mes antichambres. J'ai eu des Montmorency, des Larochefoucauld, des Noailles, des Rohan, des Beauveau, des Mortemart; mais il n'y a jamais eu analogie. Le cheval faisait des courbettes; il était bien dressé, mais je le sentais frémir. Avec le peuple, c'est autre chose. La fibre populaire répond à la mienne; je suis sorti des rangs du peuple, ma voix agit sur lui. Voyez ces conscrits, ces fils de paysans; je ne les flattais pas, je les traitais rudement; ils ne m'entouraient pas moins, ils ne criaient pas moins : Vive l'Empereur!

« C'est qu'entre eux et moi il y a même nature. Ils me regardent comme leur soutien, leur sauveur contre les nobles et les prêtres...

« S'il y a des moyens de gouverner avec une constitution, à la bonne heure!... J'ai voulu l'empire du monde, et, pour me l'assurer, un pouvoir sans bornes m'était nécessaire. Pour gouverner la France seule, il se peut qu'une constitution vaille mieux..... J'ai voulu l'empire du monde, et qui ne l'aurait pas voulu à ma place? Le monde m'invitait à le régir. Souverains et sujets se précipitaient à l'envi sous mon sceptre.

«Voyez donc ce qui vous semble possible; apportez-moi vos idées. Des discussions publiques, des élections libres, des ministres responsables, la liberté de la presse : je veux tout cela..... Je suis l'homme du peuple; si le peuple veut la liberté, je la lui dois. J'ai reconnu sa souveraineté; il faut que je prête l'oreille à ses volontés, même à ses caprices. Je n'ai jamais voulu l'opprimer pour mon plaisir. J'avais de grands desseins; le sort en a décidé... Je n'ai plus qu'une mission : relever la France et lui donner un gouvernement qui lui convienne... »

Pénétré des idées de l'Empereur, Benjamin Constant se mit à l'œuvre et rédigea, sous le titre de : *Acte additionnel aux constitutions de l'Empire*, la constitution la plus libérale qui, selon M. Thiers, ait été donnée à la France. Elle fut soumise à l'acceptation du peuple et adoptée dans ses assemblées primaires, à la presque unanimité, puis ratifiée, le 1er juin, au milieu des acclamations nationales, par le Souverain, les grands corps de l'État, les représentants des départements et par l'armée, dans la grande solennité du Champ-de-Mars.

C'est au sortir de cette solennité que Napoléon, après avoir ouvert les Chambres et reçu leurs adresses de félicitations, fit ses préparatifs de départ pour se rendre, à la tête de ses troupes, sur les derniers champs de bataille où il allait jouer sa fortune et celle de la France.

Tout le monde connaît cette campagne immortelle, la plus savamment combinée, la plus habilement conduite, où le génie du chef ne fut égalé que par l'héroïsme de ses soldats et où leur défaite surpassa les plus glorieux triomphes.

Le temps n'en effacera jamais le souvenir dans l'âme de la France, pas plus qu'il n'effacera la honte de cette Assemblée de prétendus députés du pays, qui, se laissant conduire par des traîtres et des lâches, ont mis le comble à nos malheurs en se précipitant aux pieds de nos ennemis et en leur livrant, avec les débris de nos bataillons, le grand homme que les boulets anglais et prussiens avaient épargné.

Si ces indignes représentants ont eu, de nos jours, des imitateurs; si après le désastre de Sedan comme après celui de Waterloo, il s'est trouvé, dans une Assemblée française, des traîtres et des lâches pour insulter nos héroïques vaincus et livrer la France à l'étranger, la honte des premiers, loin d'être effacée par celle des seconds, s'accroît encore du crime de leur avoir donné l'exemple. Les uns et les autres passeront à la postérité, également flétris, également courbés sous le poids de l'exécration publique; tandis que chaque jour ajoute à la gloire des souverains qui ont été leurs victimes et des braves qui sont morts à leur côté pour la défense de la patrie !

Les réactionnaires et les démagogues ne peuvent comprendre cette indestructible popularité qui s'attache au nom de Napoléon, qui survit à tous les désastres et ne fait que grandir avec le temps. Ils n'y voient qu'une folie de la France !

M. Thiers et M. de Châteaubriand vont la leur expliquer en la justifiant.

« Il était réservé, dit M. Thiers dans son résumé du règne de l'Empereur, il était réservé à la Révolution française, appelée à changer la face de la Société européenne, de produire un homme qui attirerait autant les regards que Charlemagne, César, Annibal et Alexandre. A celui-là ce n'est ni la grandeur du rôle, ni l'immensité des bouleversements, ni l'éclat, ni l'étendue, ni la profondeur du génie, qui manquent pour saisir, attirer, maitriser l'attention du genre humain ! Ce fils d'un gentilhomme corse, qui, à peine sorti de l'école, acquiert dans une émeute sanglante le titre de général en chef, passe ensuite de l'armée de Paris à l'armée d'Italie, conquiert cette contrée en un mois, attire à lui et détruit successivement toutes les forces de la coalition européenne, lui arrache la paix de Campo-Formio, et déjà trop grand pour habiter à côté du Gouvernement de la République, va chercher en Orient des destinées nouvelles, passe avec cinq cents voiles à travers les flottes anglaises, conquiert l'Egypte en courant, songe alors à envahir l'Inde en suivant la route d'Alexandre, puis, ramené tout à coup en Occident par le renouvellement de la guerre européenne, après avoir essayé d'imiter Alexandre, imite et égale Annibal en franchissant les Alpes, écrase de nouveau la coalition et lui impose la belle paix de Lunéville; ce fils du pauvre gentilhomme

corse a déjà parcouru, à trente ans, une carrière bien extraordinaire! Devenu quelque temps pacifique, il jette par ses
lois les bases de la société moderne; puis se laisse emporter
à son bouillant génie, s'attaque de nouveau à l'Europe, la
soumet en trois journées : Austerlitz, Iéna, Friedland,
abaisse et élève les empires, met sur sa tête la couronne de
Charlemagne, voit les rois lui offrir leur fille, choisit celle
des Césars dont il obtient un fils qui semble destiné à porter
la plus brillante couronne de l'univers; de Cadix se porte à
Moscou, succombe dans la plus grande catastrophe des
siècles, refait sa fortune, la défait de nouveau, est confiné
dans une petite île, en sort avec quelques centaines de soldats fidèles, reconquiert en vingt jours le trône de France,
lutte de nouveau contre l'Europe exaspérée, succombe pour
la dernière fois à Waterloo, et, après avoir soutenu des
guerres plus grandes que l'Empire romain, s'en va, né dans
une île de la Méditerranée, mourir dans une île de l'Océan,
attaché, comme Prométhée, sur un rocher par la haine et la
peur des rois; ce fils du pauvre gentilhomme corse a bien
fait dans le monde la figure d'Alexandre, d'Annibal, de César, de Charlemagne! »

Et l'on appelle *folie* la popularité toujours croissante de
cet homme qui a fait de tels prodiges et couronné la
France de tant de gloire!

Le portrait que nous en trace Châteaubriand, dans ses
Mémoires, est encore plus saisissant :

« Bonaparte, dit-il, n'est point grand seulement par ses
paroles, ses discours, ses écrits..., il est grand pour avoir

créé un gouvernement régulier et puissant, un code de lois adoptées en divers pays, des cours de justice, des écoles, une administration forte, active, intelligente, et sur laquelle nous vivons encore ; il est grand pour avoir ressuscité, éclairé et géré supérieurement l'Italie ; il est grand pour avoir fait renaître en France l'ordre du sein du chaos, pour avoir relevé les autels, pour avoir réduit de furieux démagogues, d'orgueilleux savants, des littérateurs anarchiques, des athées voltairiens, des orateurs de carrefours, des égorgeurs de prison et de rue, des claque-dents de tribunes, de clubs et d'échafauds, pour les avoir réduits à servir sous lui... il est grand pour avoir forcé des soldats ses égaux, des capitaines, ses chefs ou ses rivaux, à fléchir sous sa volonté ; il est grand surtout pour être né de lui seul, pour avoir su, sans autre autorité que celle de son génie, se faire obéir par trente-six millions de sujets, à l'époque où aucune illusion n'environne les trônes ; il est grand pour avoir abattu tous les rois, ses opposants ; pour avoir défait toutes leurs armées, quelle qu'ait été la différence de leur discipline et de leur valeur ; pour avoir appris son nom aux peuples sauvages comme aux peuples civilisés ; pour avoir surpassé tous les vainqueurs qui le précédèrent ; pour avoir rempli dix années de tels prodiges qu'on a peine aujourd'hui à les comprendre. » (*Mémoires d'outre-tombe.*)

Quelques pages avant, Châteaubriand disait :

« Le monde appartient à Bonaparte. Ce que le ravageur n'avait pu achever, sa renommée l'usurpe. Vivant, il a manqué le monde ; mort, il le possède. Vous avez beau réclamer, les générations passent sans vous écouter ! »

Et, comme quelqu'un demandait à Châteaubriand pourquoi, après avoir si violemment attaqué Napoléon, il l'admirait à ce point, l'illustre écrivain répondit : « Il a fallu que le géant fût tombé pour que je pusse mesurer sa grandeur ! »

Aux glorieux souvenirs qui rendent le nom de Napoléon si cher au pays, Napoléon III a su ajouter ceux d'une prospérité telle que, malgré les milliards et les provinces que nous ont coûtés les Prussiens et les hommes du 4 Septembre, qui les ont aidés à nous vaincre, la France est encore aujourd'hui la plus riche des nations.

Que lui faut-il pour renaître dans toute sa force et toute sa splendeur ? La France le sait bien. Qu'on l'interroge, et sa réponse ne se fera pas attendre.

Elle sait que, dans un pays voisin, le rejeton des seuls souverains qu'elle ait acclamés se prépare, par la méditation et l'étude, à continuer dignement la glorieuse et populaire mission de ses deux ancêtres ; elle sait aussi que son père, dans l'exil, ne lui a rien laissé ignorer de tout ce qu'il doit savoir sur les hommes et sur les choses ; elle sait de plus que ce jeune prince a reçu de la Providence tous les dons de l'esprit et du cœur, qui le rendent capable d'ajouter encore à la gloire de son nom.

Il vient d'en donner une preuve frappante. Pendant que les débris des vieux partis du passé conspiraient pour remettre la France sous leur joug odieux, et remplacer nos chères couleurs nationales par *ces couleurs que la nation a proscrites*, le Prince Impérial a compris qu'il ne lui était pas permis de garder plus longtemps le silence, et, dix jours après la fameuse entrevue de Frosdhorff, où le comte de Paris avait renié les traditions de sa famille, l'héritier des Napoléon, s'adressant aux Français qui étaient allés lui porter l'expression des sentiments et des vœux de la patrie, prononçait d'une voix émue, mais ferme, les paroles suivantes :

« Je vous remercie, au nom de l'Impératrice et au mien,
« d'être venus associer vos prières aux nôtres et de n'avoir
« pas oublié le chemin que vous avez pieusement parcouru
« il y a quelques mois; je remercie aussi les fidèles amis
« qui nous ont fait parvenir de loin les nombreux témoi-
« gnages de leur affection et de leur dévouement.

« Quant à moi, dans l'exil et près de la tombe de l'Em-
« pereur, je médite les enseignements qu'il m'a laissés. Je
« trouve dans l'héritage paternel le principe de la souve-
« raineté nationale et le drapeau qui la consacre.

« Ce principe, le fondateur de notre dynastie l'a résumé
« dans cette parole à laquelle je serai toujours fidèle : Tout
« POUR LE PEUPLE ET PAR LE PEUPLE! »

Ces nobles et patriotiques accents ont profondément retenti dans le cœur de la France. Il lui a semblé entendre encore la voix du grand Empereur à son retour de l'île d'Elbe, et elle a compris qu'elle n'a qu'à faire un signe de la volonté pour voir renouveler ce prodigieux événement.

Mais, dit-on, le Prince Impérial est bien jeune !

En effet, il n'a pas encore dix-huit ans accomplis !

Ceux qui lui reprochent sa jeunesse oublient l'histoire.

A quel âge les plus illustres souverains ont-ils commencé à régner ?

Louis XIV avait treize ans ; Alexandre-le-Grand, seize ; Auguste, dix-huit ; Charles XII, de Suède, quinze ; le czar Pierre-le-Grand, dix-sept.

Qu'on se rassure. Avec le sang généreux qui coule dans ses veines et l'éducation qu'il a reçue, complétée et fortifiée par les leçons du malheur, l'héritier des Napoléon ne sera point inférieur à ses glorieux modèles ; il saura se montrer digne de ses hautes destinées.

« Dans les âmes bien nées,
« La valeur n'attend pas le nombre des années. »

FIN.

Boulogne (Seine). Imp. JULES BOYER et Cᵒ.